BLOCOS ECONÔMICOS NO PANORAMA MUNDIAL

O selo DIALÓGICA da Editora InterSaberes faz referência às publicações que privilegiam uma linguagem na qual o autor dialoga com o leitor por meio de recursos textuais e visuais, o que torna o conteúdo muito mais dinâmico. São livros que criam um ambiente de interação com o leitor – seu universo cultural, social e de elaboração de conhecimentos –, possibilitando um real processo de interlocução para que a comunicação se efetive.

José Luiz Machado

BLOCOS ECONÔMICOS NO PANORAMA MUNDIAL

análise geográfica e econômica

Av. Vicente Machado, 317 . 14° andar
Centro . CEP 80420-010 . Curitiba . PR . Brasil
Fone: (41) 2103-7306
www.editoraintersaberes.com.br
editora@editoraintersaberes.com.br

Conselho editorial	Dr. Ivo José Both (presidente)
	Drª Elena Godoy
	Dr. Nelson Luís Dias
	Dr. Ulf Gregor Baranow
Editor-chefe	Lindsay Azambuja
Editor-assistente	Ariadne Nunes Wenger
Editor de arte	Raphael Bernadelli
Preparação de originais	Tiago Krelling Marinaska
Capa e projeto gráfico	Sílvio Gabriel Spannenberg
Ilustrações	Paulo Ricardo Reinehr
Iconografia	Danielle Scholtz

Dados Internacionais de Catalogação na Publicação (CIP)
(Câmara Brasileira do Livro, SP, Brasil)

Machado, José Luiz
    Blocos econômicos no panorama mundial: análise geográfica e econômica / José Luiz Machado. – Curitiba: InterSaberes, 2012.

    Bibliografia.
    ISBN 978-85-8212-365-2

    1. Comércio internacional 2. Economia mundial 3. Geografia econômica 4. Geografia política 5. Geopolítica I. Título.

12-09126   CDD-337

Índice para catálogo sistemático:
1. Blocos econômicos: Análise geográfica e econômica: Economia mundial   337

1ª edição, 2012.

Foi feito o depósito legal.

Informamos que é de inteira responsabilidade do autor a emissão de conceitos.

Nenhuma parte desta publicação poderá ser reproduzida por qualquer meio ou forma sem a prévia autorização da Editora InterSaberes.

A violação dos direitos autorais é crime estabelecido na Lei nº 9.610/1998 e punido pelo art. 184 do Código Penal.

Apresentação 9

Como aproveitar ao máximo este livro 11

A geografia e os blocos econômicos 13

Introdução à geografia econômica 14

Produção no espaço – relação com a geografia econômica e a geografia política 18

Sistemas econômicos 20

Blocos econômicos: tipologia 24

Blocos econômicos mundialmente proeminentes: gigantes da Europa Ocidental 33

European Union – EU (União Europeia) 34

European Free Trade Association – Efta (Associação Europeia de Livre Comércio) 49

Poder e desenvolvimento: os blocos econômicos da América do Norte, do Pacífico e da África 57

North American Free Trade Agreement – Nafta (Acordo Norte-Americano de Livre Comércio) 58

Australia New Zealand Closer Economic Relations Trade Agreement – Anzcerta (Acordo Comercial sobre Relações Econômicas entre Austrália e Nova Zelândia) 67

Asia-Pacific Economic Cooperation – Apec (Cooperação Econômica da Ásia e do Pacífico) 75

Association of Southeast Asian Nations – Asean (Associação de Nações do Sudeste Asiático) 83

Southern African Development Community – SADC (Comunidade para o Desenvolvimento da África Austral) 86

L'Union du Maghreb Arabe – UMA (União do Magrebe Árabe) 91

Blocos econômicos sul-americanos e centro-americanos: o potencial da América Latina 97

Asociación Latinoamericana de Integración – Aladi (Associação Latino-Americana de Integração) 98

Asociación de Estados del Caribe – AEC (Associação dos Estados do Caribe) 103

Caribbean Community – Caricom (Mercado Comum e Comunidade do Caribe) 107

Comunidad Andina – CAN (Comunidade Andina) 109

Sistema de la Integración Centroamericana – Sica (Mercado Comum Centro-Americano) 112

Mercado Comum do Sul – Mercosul 117

Mercosul e o comércio internacional 129

Logística no Mercosul 128

Para concluir... 167

Estudo de caso 169

Referências 171

Apêndices 185
    Classificação de navios 185
    Incoterms 187
    Modelo de porto 190

Respostas 193

Sobre o autor 197

Mapas dos blocos econômicos: visualização rápida

BLOCOS ECONÔMICOS 28
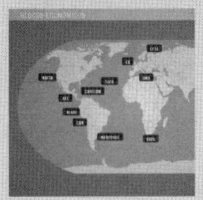

UNIÃO EUROPEIA 36

EFTA 50

EEA 51

NAFTA 59

ANZCERTA 68

APEC 76

ASEAN 84
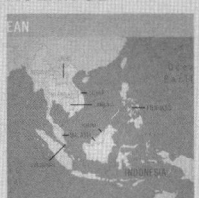

SADC 86
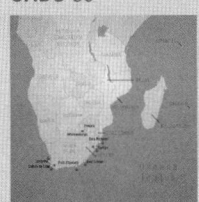

UMA 92
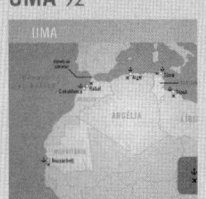

ALADI 99

AEC 104

CARICOM 108
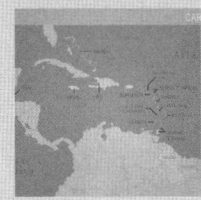

CAN 110
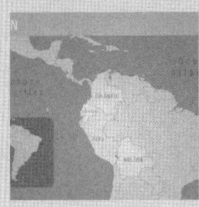

SICA 112
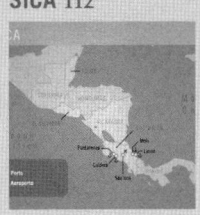

MERCOSUL 118

Apresentação

Qual é a melhor rota, o melhor porto ou aeroporto a ser utilizado para o escoamento de determinado produto? Quanto tempo é necessário para que uma mercadoria que chega ao Porto de Roterdã, na Holanda, seja entregue na Alemanha, na Bélgica, na França ou na Grã-Bretanha? E, caso você precise enviar mercadorias do Brasil para o Porto de Valparaíso, no Chile, como atravessar de caminhão a Cordilheira dos Andes, que, por muitas vezes, fica bloqueada devido à neve no período de inverno? Quando você vê a numeração de dada rodovia federal no Brasil, por exemplo, a BR 116, você sabe em que região do país fica essa rodovia?

Estas e várias outras questões são enfocadas neste livro, que tem como finalidade orientá-lo nos estudos referentes aos blocos econômicos existentes no mundo atual, contemplando, entre outros aspectos, seus países-membros e os principais produtos que comercializam, sua localização no globo e a localização física dos principais portos, aeroportos, rodovias e ferrovias que alimentam seu fluxo comercial.

Ainda em relação aos principais blocos e seus respectivos países participantes, veremos também as distâncias e o tempo de viagem entre seus portos e aeroportos e suas principais regiões e cidades, bem como a situação de suas malhas rodoviária e ferroviária. Veremos também, em mais detalhes, os fatores que mais influenciam na escolha de portos ou aeroportos, como localização e capacidade de movimentação de cargas.

No primeiro capítulo, daremos ênfase ao estudo dos conceitos de geografia econômica (também chamada de *geoeconomia*), de geopolítica e de geografia política, considerando os objetivos de cada uma dessas vertentes. Ainda no primeiro capítulo, trataremos da produção no espaço e dos sistemas econômicos – os que vigoraram e os que ainda vigem no mundo contemporâneo.

A partir do segundo capítulo, iniciaremos os estudos dos blocos econômicos propriamente ditos, conhecendo os gigantes da Europa Ocidental. O primeiro bloco a ser analisado é a União Europeia, por tratar-se do maior e mais importante bloco do mundo. Também veremos a Efta – The European Free Trade Association (Associação Europeia de Livre Comércio) e o EEA – European Economic Area (Espaço Econômico Europeu).

No terceiro capítulo, conheceremos os blocos da América do Norte, do Pacífico e da África, com seus respectivos países-membros, seus objetivos e sua estrutura organizacional. Destaca-se, nesse capítulo, o Nafta – North American Free Trade Agreement (Acordo Norte-Americano de Livre Comércio), que é a maior área de livre comércio do mundo.

O quarto capítulo nos traz os blocos sul e centro-americanos. Veremos como funciona a estrutura e a logística desses blocos e promoveremos uma análise mais acurada de seus modais de transporte.

Finalmente, estudaremos, no quinto capítulo, o Mercosul – Mercado Comum do Sul, com seus objetivos e países-membros. Conheceremos os sistemas logísticos do bloco, principalmente do Brasil, abordando os principais portos, aeroportos, rodovias e ferrovias que sustêm seu fluxo comercial.

Como aproveitar ao máximo este livro

Este livro traz alguns recursos que visam enriquecer o seu aprendizado, facilitar a compreensão dos conteúdos e tornar a leitura mais dinâmica. São ferramentas projetadas de acordo com a natureza dos temas que vamos examinar. Veja a seguir como esses recursos se encontram distribuídos no projeto gráfico desta obra.

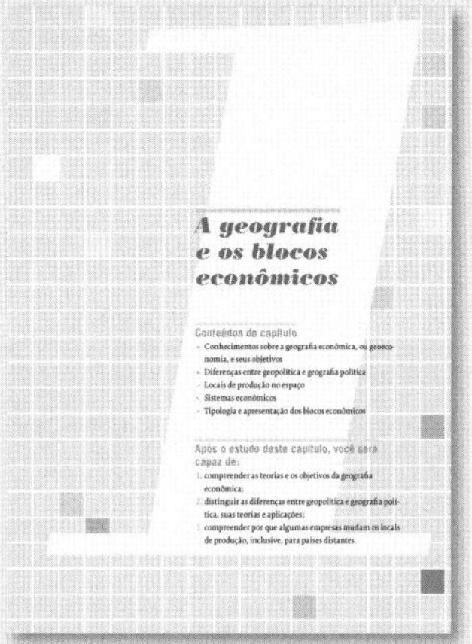

A geografia e os blocos econômicos

Conteúdos do capítulo

- Conhecimentos sobre a geografia econômica, ou geoeconomia, e seus objetivos
- Diferenças entre geopolítica e geografia política
- Locais de produção no espaço
- Sistemas econômicos
- Tipologia e apresentação dos blocos econômicos

Após o estudo deste capítulo, você será capaz de:

1. compreender as teorias e os objetivos da geografia econômica;
2. distinguir as diferenças entre geopolítica e geografia política, suas teorias e aplicações;
3. compreender por que algumas empresas mudam os locais de produção, inclusive, para países distantes.

Conteúdos do capítulo

Logo na abertura do capítulo, você fica conhecendo os conteúdos que serão nele abordados.

Após o estudo deste capítulo, você será capaz de:

Você também é informado a respeito das competências que irá desenvolver e dos conhecimentos que irá adquirir com o estudo do capítulo.

Mercado Comum do Sul – Mercosul

O Mercado Comum do Sul – Mercosul, união aduaneira, deu seus primeiros passos em 1985, com as negociações comerciais entre Brasil e Argentina, ainda quando esses países estavam no âmbito da Aladi. Mais tarde, uniram-se aos esforços da integração, além de Brasil e Argentina, o Paraguai e o Uruguai. Em 26 de março de 1991, os referidos países assinaram o Tratado de Assunção*, que formula o projeto de criação do bloco.

Com o Tratado de Assunção, os Estados-membros acordaram que ampliariam o comércio entre os países integrantes do bloco, primando pela integração como forma de desenvolvimento econômico e social da região. De acordo com a Comissão Palarmentar Conjunta do Mercosul (Brasil, 2011a), os países-membros do referido bloco:

> Estabeleceram, no preâmbulo do Tratado de Assunção, que a constituição do mercado comum deve pautar-se pelo aproveitamento mais eficaz dos recursos disponíveis, pela preservação do meio ambiente, pela melhora das interconexões físicas e pela coordenação de políticas macroeconômicas de complementação dos diferentes setores da economia.

São Estados-membros do Mercosul o Brasil, a Argentina, o Paraguai e o Uruguai; a Bolívia (associada em 1996), o Chile (associado em 1996), a Colômbia e o Equador, por sua vez, são considerados Estados associados (desde 2004).

Em julho de 2006, foi assinado o Protocolo de Adesão da República Bolivariana da Venezuela ao bloco regional. Em 15 de dezembro de 2009, o Senado brasileiro aprovou a entrada da Venezuela no Mercosul como Estado-membro. No entanto, a adesão do referido país ao bloco ainda depende das deliberações e da autorização por parte do Paraguai em relação ao tema.

Para saber mais

* Caso você queira acessar o texto integral do Tratado de Assunção e conhecer as providências estabelecidas nesse documento, acesse o seguinte link: <http://www.mdic.gov.br/arquivos/dwnl_1270810001.pdf>.

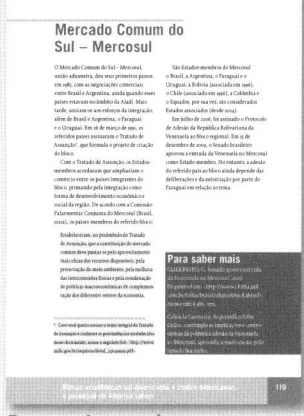

Para saber mais

Você pode consultar as obras indicadas nessa seção para aprofundar sua aprendizagem.

Perguntas & respostas
Nessa seção, o autor responde a dúvidas frequentes relacionadas aos conteúdos do capítulo.

Síntese
Você dispõe, ao final do capítulo, de uma síntese que traz os principais conceitos nele abordados.

Questões para revisão
Com essas atividades, você tem a possibilidade de rever os principais conceitos analisados. Ao final do livro, o autor disponibiliza as respostas às questões, a fim de que você possa verificar como está sua aprendizagem.

Estudo de caso
Essa seção traz ao seu conhecimento situações que vão aproximar os conteúdos estudados de sua prática profissional.

A geografia e os blocos econômicos

Conteúdos do capítulo
» Conhecimentos sobre a geografia econômica, ou geoeconomia, e seus objetivos
» Diferenças entre geopolítica e geografia política
» Locais de produção no espaço
» Sistemas econômicos
» Tipologia e apresentação dos blocos econômicos

Após o estudo deste capítulo, você será capaz de:
1. compreender as teorias e os objetivos da geografia econômica;
2. distinguir as diferenças entre geopolítica e geografia política, suas teorias e aplicações;
3. compreender por que algumas empresas mudam os locais de produção, inclusive, para países distantes.

Estudaremos neste capítulo os conceitos e especificidades da geografia econômica, ou geoeconomia, e da geografia política, que, por sua vez, é diferente da geopolítica. Para que você compreenda os aspectos da geografia nos âmbitos econômico e político, veremos também os sistemas econômicos vigentes e suas vertentes, bem como os blocos econômicos existentes na atualidade.

Perguntas & respostas

Sob que perspectiva a geografia econômica é importante para a análise de dado país?
A importância reside na análise das atividades exercidas pelo país, bem como de sua localização e da distribuição de seus produtos. De fato, a geografia econômica contempla a superfície terrestre como um todo, focando as atividades comerciais, a localização de indústrias, as rotas de comércio e transportes e o consumo.

Introdução à geografia econômica

A geografia econômica, também chamada por alguns autores de *geoeconomia*, tem por objeto o estudo da produção, da população e das suas relações de consumo, dentro de um espaço geográfico, de um país, de um bloco econômico ou de um continente. Em específico, faz parte da produção, além da agricultura, que é considerada o meio de produção mais antigo do mundo, também, e principalmente, o setor industrial.

A agricultura, ou setor primário da economia, fornece a matéria-prima para a indústria, ou setor secundário. É com as indústrias que se movimenta toda a cadeia logística, seja na aquisição da matéria-prima, seja no transporte de produtos acabados. Para movimentar todo esse processo, surge o setor terciário, no qual se encontram as prestações de serviços, ramo da economia muito comentado atualmente.

Esse processo produtivo envolve uma ampla estratégia, que engloba a produção primária, a busca na redução dos custos, a logística de armazenagem e os transportes, a busca de mercados internos e externos etc.

Mas onde entra a geografia econômica nesse processo todo?

Além de seu foco principal já exposto anteriormente, a geografia econômica também analisa as melhores rotas para escoamento das produções, além da geografia política dos países envolvidos no comércio, que abrange, entre outros fatores, as fronteiras, a localização de portos e aeroportos etc.

Manuel Correia de Andrade (1998, p. 24) chama o estudo da geografia e da economia de *geoeconomia*, definindo-a da seguinte forma: "campo intermediário entre a Geografia e a Ciência Econômica, procura explicar a expansão da influência dos grandes grupos econômicos e dos países a ele ligados, pela superfície da terra".

O autor ainda afirma que, na Rússia e nos Estados Unidos, a geografia humana é chamada de *geografia econômica*. A primeira, assim como a geografia física, é uma divisão da geografia sistemática (ou geral).

Porém, Andrade (1998, p. 23) considera essa dualidade (física e humana) ultrapassada, já que:

> em relação à produção do espaço geográfico, temos de estudar a ação do homem apropriando-se dos recursos existentes, de acordo com estruturas econômicas, sociais e políticas como estão organizadas. Daí a influência do modo de produção e das formações econômicas e sociais dominantes no espaço e no tempo e concluirmos que existe apenas uma Geografia que é chamada de uma ou de outra maneira, conforme o enfoque que se dá à mesma nos estudos em realização.

Para o geógrafo Eduardo de Freitas (2010), "a Geografia Econômica é o estudo de todas as relações econômicas realizadas no mundo e seus fluxos".

Assim, podemos entender a geografia econômica como a ciência que analisa e estuda as atividades econômicas do planeta, observando a localização dessas atividades, bem como a organização espacial e sua distribuição, ou, nas palavras de Chorincas (2011), "a análise da superfície terrestre em todos os aspectos que interessam do ponto de vista econômico".

Objetivo da geografia econômica

Ao longo do tempo, o conhecimento científico, que se caracteriza pela dinamicidade, modificou-se em função de inúmeras mudanças econômicas e sociais. Como explica Andrade (1998, p. 17):

> O conhecimento científico é profundamente dinâmico e evolui sob a influência das transformações econômicas e de suas repercussões sobre a formulação do pensamento científico. Assim, o objeto e os objetivos de uma ciência são relativos, diversificando-se no espaço e no tempo, conforme a estruturação das formações econômicas e sociais.

O objetivo da geografia econômica, em virtude das pesquisas e novas descobertas científicas, evolui paralelamente ao conhecimento científico. Quando de sua criação, a geografia econômica tinha seu foco mais voltado para a produção em si. Hoje, no entanto, podemos considerar que o objetivo dessa área do conhecimento está mais voltada para a globalização, considerando não só a produção em si, mas toda a cadeia produtiva, desde os insumos, passando pela indústria, pelo comércio e pela logística, até o consumidor final. Perceba que esse processo pode envolver diversos países e consequentemente movimentar a economia entre um ou mais blocos econômicos. Mas como isso é possível? Tomemos como exemplo a montagem de um veículo: o minério de ferro, matéria-prima para o aço, é produzido no Brasil e exportado. O país comprador produz com esse aço alguns componentes do carro e, em seguida, vende-os para um terceiro país, que fará a montagem do veículo. A montadora, além de utilizar peças de aço, também empregará outras peças, vindas dos mais variados países.

Essa mudança no campo de estudo da geografia econômica se deve, entre diversos fatores, às transformações econômicas e sociais, as quais estão diretamente ligadas às estruturas econômicas que incluem a distribuição de diversos fatores, como o índice de população economicamente ativa, a renda *per capita*, o poder aquisitivo da população etc.

Incluem-se ainda nas estruturas econômicas o produto interno bruto (PIB), a balança comercial e a capacidade financeira de um Estado.

Não podemos nos esquecer das estruturas sociais, que contemplam as relações e providências do Estado para com o cidadão, tais como saúde, educação, segurança, infraestrutura etc.

Este é o objetivo da geografia econômica: estudar essas estruturas e suas constantes reformulações. Mas esse estudo vai além, pois veremos ainda que, transversalmente a ele, temos a geografia política e a geopolítica, que serão vistas de forma mais detalhada na seção a seguir.

A geografia política e a geopolítica

Friedrich Ratzel cunhou o termo *geografia política* em sua famosa obra homônima, em 1897. O termo *geopolítica*, por sua vez, surgiu apenas 20 anos depois. Segundo Ratzel, o poder do Estado está ligado primeiramente à posição deste, que seria sua estrutura física, como o relevo, a posição das fronteiras e os recursos naturais disponíveis. Em segundo lugar, o geógrafo faz referência à posição que se estabelece entre um Estado e outro, com suas relações nacionais e internacionais. Finalmente, Ratzel faz referência ao sentido do povo, ou seu "espírito", que representa a força de um povo em relação a outro.

Ratzel, que teve seu pensamento influenciado principalmente pelas ideias evolucionistas de Charles Darwin e pelo positivismo de Augusto Comte, entendia o Estado como um organismo vivo sujeito às leis da evolução e da sobrevivência:

> O conhecimento do modo como as pessoas garantem sua sobrevivência em termos econômicos é básico para a compreensão da distribuição da população. É de especial interesse geográfico a localização da atividade econômica em sua evolução histórica dentro de contextos culturais e tecnológicos específicos, baseada em combinações particulares de recursos físicos, biológicos e humanos, condições econômicas e políticas, bem como de ligações e movimentos inter-regionais. Por exemplo, no estudo do surgimento de centros metalúrgicos de um país, é preciso considerar não apenas a localização e disponibilidade das matérias-primas, mas também fatores como a disponibilidade, qualificação e custo da mão de obra; distâncias e custos de distribuição para os mercados; custos de implantação; e até mesmo mudanças nas taxas de

câmbio dos países competidores, entre outros fatores. (Geografia econômica, 1997, p. 65)

Já o termo *geopolítica* surgiu, ao menos oficialmente, das ideias do sueco Rudolph Kjéllen, em seu artigo *As grandes potências*, publicado em 1905. Kjéllen reafirma seus pensamentos sobre a geopolítica em seu livro *O Estado como forma de vida*, no qual estuda o Estado como um organismo geográfico:

> O termo [...] apoia-se na geografia, sobretudo na geografia política, e forma um dos cinco ramos da política, na concepção de Kjellén (geopolítica, ecopolítica, demopolítica, sociopolítica e cratopolítica). Comparando o estado com um ser vivo, Kjellén faz uma série de analogias: o território seria o corpo; a capital representa o coração e os pulmões; as veias e artérias correspondem às vias de transportes; e a mãos e os pés seriam os centros de produção. (Geografia econômica, 1997, p. 67)

Como nosso objeto de estudo é a geopolítica, veremos as subdivisões fixadas por Kjéllen especificamente para essa área do conhecimento. Não estudaremos aqui os cinco ramos da política anteriormente citados, ficando estes como objetos de pesquisa para os interessados.

Segundo Kjéllen, existem três subdivisões da geopolítica (Geografia econômica, 1997, p. 65):

> (1) topopolítica, que trata dos fenômenos políticos influenciados pela situação geográfica. São temas de topopolítica: a maritimidade, a continentalidade e a localização dos estados em uma planície, planalto ou em montanhas, assim como a vizinhança com outros;

> (2) morfopolítica, que estuda os fenômenos políticos em relação ao espaço pertencente ao estado em questão. Na morfopolítica, analisam-se a forma e a extensão do território; a linha periférica, como fronteiras terrestres, marítimas e aéreas; a capital; a evolução do espaço político; a divisão territorial; a distribuição e deslocamento da população, além do sistema circulatório como elemento centrípeto na vida política do Estado;

> (3) fisiopolítica, que analisa os fenômenos em conexão com as riquezas naturais exploráveis. A fisiopolítica cuida das riquezas do território e examina o sistema circulatório do ponto de vista econômico.

> [...]

Assim, podemos, em termos práticos, definir a diferença entre os termos *geografia política* e *geopolítica*: enquanto a primeira consiste no grupo de estudos sistêmicos que se restringe às relações entre o Estado e o território considerando-se sua forma física, como relevo, fronteira, recursos naturais etc., a segunda pode ser entendida como o conjunto de estratégias políticas desenvolvidas para obtenção do poder do Estado sobre o seu próprio território físico e sobre os demais Estados nas relações nacionais e internacionais.

Porém, temos de observar que existe muita discussão acerca desses termos, pois, para alguns autores, estes são considerados sinônimos e, portanto, *geopolítica* seria apenas a união das palavras *geografia* e *política*.

Para a maioria dos autores, há diferença entre os dois termos, como já observamos anteriormente, mas ainda não existe um consenso sobre o assunto. Vemos que o termo *geopolítica* começou a ser usado recentemente, mais precisamente na década de 1980, em função de mudanças das mais variadas ordens ocorridas no mundo.

No Brasil, os primeiros estudos sobre o tema foram publicados por Everaldo Backheuser, nas obras *Estrutura política do Brasil* (1926) e *Curso de geopolítica geral do Brasil* (1952). Posteriormente, outros autores abordaram o assunto, como Milton Santos, em sua obra *Por uma geografia nova* (2008), e pelo Gen. Carlos de Meira Mattos, em *Geopolítica e teoria de fronteiras* (1990).

Agora você já está apto a compreender os conceitos da geografia econômica e da geografia política, bem como a relação entre esses termos, posto que política e economia caminham juntas, tendo por objetivo maior o desenvolvimento. Assim, temos como exemplo um estado de um país qualquer que, devido às suas características físicas, por exemplo, a distância do mar, tem melhores condições de abrigar uma indústria de produtos para exportação, recebendo, por esse motivo, incentivos governamentais para produzir nesse local. É o que veremos logo adiante, ao tratarmos do tópico produção no espaço.

Produção no espaço – relação com a geografia econômica e a geografia política

Ao analisarmos a produção no espaço, devemos considerar os espaços econômicos e geográficos, que, muitas vezes, se confundem em um mesmo território. Nas palavras de Andrade (1998, p. 64),

> A relação entre a produção no espaço e a geografia econômica e política está na localização física da empresa, na logística a ser utilizada e seu alvo de consumo. Sendo assim, as empresas buscam os melhores

locais para se instalar, avaliando a distância do consumidor, custo do frete, mão de obra, tributação, enfim, busca reduzir o custo de produção.

Como exemplo, podemos verificar uma montadora de automóveis que, ao instalar sua planta industrial em um determinado município, observa todas as áreas que influenciarão suas atividades, o mercado consumidor, os fornecedores de matérias-primas, o custo de mão de obra, entre inúmeros outros fatores.

Já o espaço geográfico, segundo Andrade (1998, p. 65), é mais dependente do Estado e se caracteriza pela situação de um ponto ou de uma área. Ele é produzido pelo próprio homem em função de uma série de unidades, como a cidade, a nação, a região ou o próprio Estado.

Retomando nosso exemplo da montadora de automóveis, quanto ao espaço geográfico, seriam observados a localização física, as fronteiras, o acesso às rodovias, às ferrovias, aos portos e aos aeroportos para escoamento da produção, entre outros fatores.

Muitas empresas instalam sua planta industrial em países distantes de sua matriz e de seu mercado consumidor, como podemos verificar na indústria de eletrônicos.

No Brasil, também podemos observar um esforço por parte das empresas para instalar suas unidades nas melhores localidades possíveis. Temos como exemplo as montadoras Renault e Audi, que se instalaram no município de São José dos Pinhais, no Paraná, devido aos incentivos fiscais concedidos pelo Governo Estadual na década de 1990.

No entanto, é essencial considerarmos também o mercado consumidor. Em alguns casos, torna-se mais viável montar uma indústria em um local próximo dos consumidores. Temos como exemplo a unidade da montadora de veículos Volkswagen, que optou por montar as instalações no Estado de São Paulo.

Em um mundo globalizado de concorrência cada mais acirrada, as empresas são obrigadas a buscarem meios de redução do custo de produção, mas sem perder mercado. Isso faz com que muitas empresas optem por transferir suas unidades fabris para outros países onde conseguirão reduzir seus custos e terão condições de se manterem competitivas no mercado.

Essa competição de mercado, na qual as empresas são obrigadas a reduzirem custos e ao mesmo tempo ganharem novos mercados, faz parte do sistema capitalista, que tem por característica principal a busca do lucro como resultado do trabalho.

Perguntas & respostas

Por que os produtos importados são mais baratos que os nacionais?
A resposta reside no custo de produção. Vejamos o caso da China: é mais barato produzir nesse país devido ao custo de mão de obra, aos tributos etc. Mesmo levando-se em conta o custo de transporte dos produtos chineses até o Brasil, ainda pagamos menos por eles do que pelos produtos nacionais, que contam com a mais variada sorte de impostos e elevada carga tributária.

A seguir, para que você possa estabelecer uma relação mais clara entre os sistemas econômicos e a produção no espaço, você terá uma análise um pouco mais acurada a respeito do capitalismo e do socialismo.

Sistemas econômicos

Os sistemas de economia que existem hoje são o capitalismo e o socialismo. O capitalismo é o sistema predominante no mundo, restando poucos países socialistas, como Cuba e Coreia do Norte.

Conforme afirmamos anteriormente, o capitalismo impera no cenário econômico mundial. Sua diretriz consiste em produzir visando ao lucro, que, por sua vez, irá alimentar o consumo. Esse consumo fará com que a produção aumente e assim por diante. Para uma melhor esquematização de seu estudo, examinaremos o capitalismo e o socialismo separadamente.

Capitalismo

O termo *capitalismo* tem sua etimologia no vocábulo *capital*, que, por sua vez, vem do latim *capitalis* (Houaiss; Villar, 2008). Suas origens remontam ao feudalismo, estabelecendo-se como um sistema socioeconômico no período do mercantilismo, no século XVI, e tendo como período de maior ascensão e consolidação a Revolução Industrial, em meados do século XVIII. Nas palavras de Landauer (1966, p. 16):

> O capitalismo, no sentido clássico, é um sistema de propriedade privada dos bens de produção e consumo, liberdade de contrato e competição perfeita, com a intervenção governamental nos assuntos econômicos limitada essencialmente à proteção da propriedade, execução dos contratos e prevenção de fraudes.

Em complementação à afirmação de Landauer (1966), temos os conceitos emitidos pelo Projeto Renasce Brasil (2010):

> Outros elementos que caracterizam o capitalismo são: a acumulação permanente de capital; a geração de riquezas; o papel essencial desempenhado pelo dinheiro e pelos mercados financeiros; a concorrência, a inovação tecnológica ininterrupta e, nas fases mais avançadas de evolução do sistema, o surgimento e expansão das grandes empresas multinacionais. A divisão técnica do trabalho, ou seja, a especialização do trabalhador em tarefas cada vez mais segmentadas no processo produtivo, é também uma característica importante do modo capitalista de produção, uma vez que proporciona aumento de produtividade. O modelo capitalista também é chamado de economia de mercado ou de livre empresa.

Nesse sistema, as empresas industriais, comerciais e de serviços pertencem aos empresários, detentores dos meios de produção, que compram força de trabalho, devidamente assalariada, auferindo lucro da venda de seus produtos/serviços. A produção e a negociação ocorrem sem a interferência do governo e os preços são determinados pelas leis do mercado – a oferta e a demanda.

O governo atua na proteção do mercado, regulando preços por meio de estoques de produtos, o que força a redução ou o aumento de preços quando necessário. Em algumas situações, pode haver interferências por parte do Estado no câmbio e no sistema bancário.

Como exemplo de intervenção governamental na economia, podemos citar a comercialização de automóveis, que, ao serem importados pelo Brasil, recebem uma alta carga tributária, imposta pelo governo por meio do Imposto de Importação (II).

Mas qual é a finalidade desse imposto?

Como pudemos ver anteriormente, o custo de produção em alguns países é consideravelmente baixo, como na China, na Malásia e em Cingapura. Os automóveis produzidos nesses países chegam ao Brasil com preços muito inferiores aos nacionais, o que desestabiliza a indústria local, causando, entre outras complicações, o desemprego. Para que o governo possa evitar a redução ou até mesmo o fechamento das indústrias automobilísticas nacionais, ele aplica um imposto aos produtos importados, o anteriormente citado Imposto de Importação (II), que é fiscalizado e cobrado pela Receita Federal do Brasil. Em alguns momentos, o governo eleva esse imposto para determinados produtos, elevação que é chamada de *sobretaxa*. Por exemplo: de acordo com Milton Cardoso, em entrevista cedida à *Istoé Dinheiro* (Cardoso, 2010), em março de 2010, o governo brasileiro ampliou a taxa sobre a importação de calçados chineses. A taxa que antes era de US$ 12,47 passou para US$ 13,85 para os próximos 5 anos. Quando o mercado volta aos níveis considerados normais, a sobretaxa é excluída.

Perguntas & respostas

Por que essas indústrias se instalam em outros países, muitas vezes em outro continente?

A resposta está no custo da produção. Com mão de obra abundante, baixos salários e proximidade dos fornecedores de matérias-primas já manufaturadas, o custo de produção é reduzido, tornando-se viável, mesmo que a organização tenha de transportar suas mercadorias entre continentes distantes. Temos como exemplo de países com baixo custo de produção a China, Cingapura e a Malásia. É prova dessa afirmação o fato de os produtos chineses serem encontrados com frequência com preços inferiores aos dos produtos fabricados no Brasil, que contam com a mais variada sorte de impostos e elevada carga tributária.

Mas qual é a finalidade de aumentar essa taxa, sendo que o produto ficará mais caro para a população?

Considerando-se o mesmo raciocínio empregado na área automobilística, esse aumento tem a função de proteger a indústria brasileira, já que o calçado chinês chega ao mercado com preços inferiores aos produzidos aqui no Brasil*.

Agora você pode compreender as características do capitalismo, sistema no qual as pessoas buscam o lucro, a economia dos países se ajusta de acordo com as regras

---

* Toda a legislação sobre importação e exportação pode ser consultada no sítio da Receita Federal do Brasil: <http://www.receita.fazenda.gov.br>.

A geografia e os blocos econômicos

do mercado e o governo, por sua vez, faz intervenções apenas para manter o controle do mercado e do Estado. É importante frisarmos que é apenas no capitalismo que ocorre essa economia de mercado, pois, no modelo socialista, que veremos adiante, a situação é sensivelmente diferente.

Para saber mais

KAKU, M. A nova riqueza das nações: o que os países devem fazer para prosperar na era do capitalismo intelectual e quais empregos a tecnologia vai de fato varrer do mapa. Veja, São Paulo, jul. 2006. Edição especial. Disponível em: <http://veja.abril.com.br/especiais/tecnologia_2006/p_076.html>. Acesso em: 22 mar. 2011.

Nesse artigo, Michio Kaku traça um balanço do capitalismo contemporâneo, imerso em inúmeras e decisivas mudanças nas áreas da tecnologia e da empregabilidade.

Perguntas & respostas

Por que o sistema capitalista é predominante no cenário econômico mundial?
A principal razão reside no paradigma da economia de mercado, na qual produzimos e vendemos para obtermos lucro. Esse lucro alimenta o consumo, fazendo com que pessoas e países tenham de produzir e assim sucessivamente.

Socialismo

O nome *socialismo* representa genericamente um conjunto de ideologias, teorias socioeconômicas e políticas de igualdade entre classes sociais. Teve seu início no século XVIII, com a Revolução Industrial, quando o capitalismo começou a se firmar como o sistema econômico predominante. Duas classes estavam claramente separadas: a burguesia (empresariado) e o proletariado (trabalhadores assalariados). A grande massa da população estava excluída do cenário político e não conseguia prosperar. Surgem então as primeiras ideias socialistas, sendo um de seus precursores o revolucionário francês François-Noël Babeuf.

Como bem afirma Landauer (1966, p. 17):

> O socialismo clássico é um sistema de completa coletivização dos instrumentos de produção; não há lucros particulares, mas, as rendas podem diferir de acordo com as habilidades individuais e o volume de trabalho feito; e a propriedade pessoal em bens que servem diretamente ao consumo, como casas e móveis, também é admitida.

As variantes do socialismo têm em comum o sentimento humanitário e a característica de limitação ao direito de propriedade privada, de controle dos recursos naturais e econômicos pelo governo e de inexistência da liberdade de mercado. Tudo isso para que, em tese, exista uma igualdade social, política e jurídica.

Socialismo utópico

Para Thomas Morus, em seu livro *Utopia* (1997), escrito em 1516, "Utopia descreve uma sociedade ideal que proporciona igualdade e justiça para todos".

Como o próprio nome sugere, o socialismo utópico traz a ideia da sociedade ideal. Essa linha filosófica do socialismo surgiu após a Revolução Francesa, que trouxe à tona o lema "Liberdade, Igualdade e Fraternidade". Alguns autores socialistas da época consideravam que a industrialização era o motivo dos sofrimentos e dificuldades dos trabalhadores.

O autor britânico Robert Owen e os franceses Charles Fourier e Conde Saint-Simon sugeriram ideias com a finalidade de criar as condições sociais e econômicas ideais para a vida das pessoas. Por esse motivo, esses pensadores foram chamados de *utópicos*.

Socialismo científico

Teoria desenvolvida por Karl Marx e Friedrich Engels, sendo por esse motivo conhecida como *marxismo*. Partindo das ideias do socialismo utópico, o marxismo se aproxima mais da realidade, defendendo ações mais práticas e diretas contra o sistema capitalista. Para isso, o proletariado deveria organizar uma revolução contra o paradigma socioeconômico da época.

Marx e Engels expuseram suas ideias na obra *Manifesto comunista* (2011), em 1848, e Marx, por sua vez, dá prosseguimento às suas teorias no livro *O capital*, escrito em 1867. Seguindo a teoria do socialismo, Karl Marx condena o lucro dos patrões auferido pelo trabalho dos empregados, visto que o trabalhador se torna escravo da burguesia por meio do salário que recebe pela sua força de trabalho, necessária à sua sobrevivência.

Karl Marx encerra o *Manifesto comunista* com o seguinte parágrafo:

Os comunistas não se rebaixam a dissimular suas opiniões e seus fins. Proclamam abertamente que seus objetivos só podem ser alcançados pela derrubada violenta de toda ordem social existente. Que as classes dominantes tremam à ideia de uma revolução comunista! Os proletários nada têm a perder nela a não ser suas cadeias. Têm um mundo a ganhar. (Marx; Engels, 2011)

E o sociólogo alemão conclui com a célebre frase: "Proletários de todos os países, uni-vos!" (Marx; Engels, 2011).

Socialismo real

Embora as teorias socialistas tragam a ideia de igualdade entre todos, com uma sociedade mais justa e fraterna, quando aplicadas na prática, tais teorias não surtiram o efeito esperado. O que acabou ocorrendo foram regimes ditatoriais e tiranos. Nas palavras de Freitas (2010), "O socialismo em sua essência se apresentava como algo favorável à classe dos trabalhadores; na prática, o regime não obteve êxito, os países que aderiram a tal regime político não se estabeleceram no cenário mundial e, além disso, enfrentaram diversos problemas por conta do sistema".

Agora que você já tem uma consciência mais ampla a respeito desses sistemas econômicos tão importantes e díspares entre si, já está apto a aliar esse conhecimento a um

> ## Perguntas & respostas
>
> *Por que o socialismo não funcionou?*
> Na maioria dos países que se diziam socialistas, houve uma distorção do sistema. Tal deturpação só teve como resultado a estagnação industrial, a ausência de investimentos em educação, ciência e tecnologia, sem contar que, na maioria das vezes, ditadores assumiram o comando desses países, impondo suas ideias a um povo alienado.

dos pontos nucleares da geografia econômica: o estudo dos blocos econômicos. Comecemos, portanto, com a tipologia dos blocos, apresentada na seção a seguir.

Blocos econômicos: tipologia

Como afirmamos anteriormente, o objeto de estudo da geografia econômica na atualidade consiste não só na produção em si, mas em todas as implicações do fluxo produtivo no âmbito da globalização. E, quando pensamos na globalização e no cenário econômico mundial, é impossível não inserirmos as transações comerciais realizadas entre os blocos econômicos nesse contexto. Pensando nisso, pretendemos nesta seção introduzir os tipos de blocos econômicos, bem como uma relação sumária dos blocos econômicos elencados no cenário internacional.

Os blocos econômicos, também chamados de *integrações regionais*, são uniões de grupos de países com a finalidade de fortalecer o comércio entre si, com vantagens, incentivos e preferências, em relação aos demais países do mundo, tendo como origem a necessidade crescente de novos comércios, da expansão de mercados, de uma sociedade capitalista que busca aumentar cada vez mais as transações comerciais.

Vejamos a seguir a tipologia dos blocos econômicos, suas implicações e especificidades.

Os blocos econômicos podem ser classificados de acordo com sua estrutura e finalidade, podendo ser considerados zona de preferência tarifária, zona de livre comércio, união aduaneira ou ainda mercado comum. Vejamos detalhadamente cada um deles, de acordo com dados encontrados no *site* da Comissão Parlamentar Conjunta do Mercosul (Brasil, 2010c):

- » **Zona de preferência tarifária**: É a integração regional mais simples que existe, na qual os países-membros contam com tarifas aduaneiras menores do que aquelas praticadas pelas demais nações que não fazem parte do acordo. Um exemplo de zona de preferência tarifária é a Associação Latino-Americana de Integração (Aladi).
- » **Zona de livre comércio**: É uma união de países com o objetivo de reduzir ou eliminar as tarifas aduaneiras. Para ser considerada zona de livre comércio, é necessário que ao menos 80% dos bens produzidos pelos países-membros sejam comercializados dentro do bloco, sem as taxas alfandegárias. Um exemplo de zona de livre comércio é o Acordo Norte-Americano de Livre Comércio (Nafta).
- » **União aduaneira**: É uma forma de integração regional mais avançada que a zona de livre comércio, pois, além da redução ou eliminação das tarifas aduaneiras entre si, os países-membros estabelecem a chamada *Tarifa Externa Comum* (TEC), que consiste em tarifa-padrão de importação e exportação para todos os países-membros. Isso significa que, se um determinado produto for exportado para o Brasil, as taxas aduaneiras serão as mesmas que as praticadas na Argentina, no Paraguai e nos demais países do bloco. A união aduaneira permite o trânsito de bens de capital e serviços, não sendo permitida a livre circulação de pessoas, e exige que ao menos 85% dos produtos comercializados dentro do bloco sejam livres das tarifas aduaneiras. Um exemplo de união aduaneira é o Mercado Comum do Sul (Mercosul).
- » **Mercado comum**: É o mais avançado dos blocos econômicos, pois, além das características da união aduaneira, permite também a circulação de pessoas e mão de obra. O único mercado comum existente no mundo é a União Europeia, pois ele eliminou todas as tarifas aduaneiras entre os países-membros e permitiu a circulação de pessoas e mão de obra. A União Europeia é também uma união econômica e monetária, pois, em 2002, adotou a moeda única – o Euro –, adotada atualmente por 16 dos 27 países-membros.

Mas quais são os blocos econômicos existentes atualmente? Como eles são classificados? Quais países compõem esses blocos e como é a relação comercial destes com o Brasil?

Atualmente existem 14 blocos econômicos, como você pode observar no mapa a seguir:

BLOCOS ECONÔMICOS

EFTA

APEC

ASEAN

ANZCERTA

- European Union – EU (União Europeia)
- European Free Trade Association – Efta* (Associação Europeia de Livre Comércio)
- North American Free Trade Agreement – Nafta (Acordo Norte-Americano de Livre Comércio)
- Australia New Zealand Closer Economic Relations Trade Agreement – Anzcerta (Acordo Comercial sobre Relações Econômicas entre Austrália e Nova Zelândia)
- Asia-Pacific Economic Cooperation – Apec (Cooperação Econômica da Ásia e do Pacífico)
- Association of Southeast Asian Nations – Asean (Associação de Nações do Sudeste Asiático)
- Southern African Development Community – SADC (Comunidade para o Desenvolvimento da África Austral)
- L'Union du Maghreb Arabe – UMA (União do Magrebe Árabe)
- Asociación Latinoamericana de Integración – Aladi (Associação Latino-Americana de Integração)
- Asociación de Estados del Caribe – AEC (Associação dos Estados do Caribe)
- Caribbean Community – Caricom (Mercado Comum e Comunidade do Caribe)
- Comunidade Andina (CAN)
- Sistema de la Integración Centroamericana – Sica (Mercado Comum Centro-Americano)
- Mercado Comum do Sul – Mercosul

* O European Economic Area – EEA (Espaço Econômico Europeu), que será tratado no capítulo 2, consiste em mercado interno constituído por três membros do Efta – Islândia, Liechtenstein e Noruega – e os países participantes da União Europeia. Em virtude disso, o EEA será tratado como subgrupo do Efta.

Alguns países fazem parte de vários blocos econômicos, como o Brasil, que é membro do Mercosul e também da Aladi, assim como os Estados Unidos, que, além do Nafta, também são membros da Apec. Alguns países da América do Sul chegam a pertencer a três blocos regionais. Esse é o caso da Bolívia, da Colômbia, do Equador e do México, que pertencem ao Mercosul (como associados), à Aladi e à CAN.

Chegamos ao fim deste capítulo, no qual entramos em contato com as características e preceitos das geografias econômica e política, com o tema da produção no espaço e dos sistemas econômicos vigentes no panorama econômico mundial. Esses conhecimentos serão importantes para que você prossiga com seus estudos, pois a partir de agora entraremos especificamente no tópico blocos econômicos, com suas mais diversificadas estruturas organizacionais e, principalmente, seus aspectos físicos e logísticos. Você será capaz de compreender por que um determinado país utiliza certos modais de transporte e, por conseguinte, terá um sucinto panorama das dificuldades que alguns países enfrentam no tocante a essa questão.

Síntese

Nesse capítulo, foram explorados os conceitos de geografia econômica, que é a ciência que analisa e estuda as atividades econômicas do planeta, de geografia política, que estuda as relações entre o Estado e o território considerando sua forma física, e de geopolítica, que são as políticas do poder do Estado sobre o seu próprio território.

Também foram analisados a produção no espaço, como forma de reduzir custos e melhorar o desempenho da indústria, e os sistemas econômicos vigentes – capitalismo e socialismo. Por fim, foram elencados os modelos de blocos econômicos e suas particularidades.

Questões para revisão

1. Sobre a geografia econômica, podemos afirmar que seu objeto de estudo é:
   a. o mercado econômico de todos os países do mundo.
   b. a economia das empresas que praticam o comércio internacional importando ou exportando produtos.
   c. a população, o mercado, o consumo, bem como a estrutura física dos países, com seus portos, aeroportos e fronteiras, além da geografia política dos países envolvidos no comércio.
   d. somente o aspecto físico dos países, como fronteiras, relevos e estradas.

2. Em relação à expressão *geografia política*, podemos dizer que:
   a. é o estudo da política governamental aplicada sobre as regiões de um país, sem considerar a população local.
   b. surgiu com Friedrich Ratzel, sendo um grupo de estudos sistêmicos que se restringe às relações entre o Estado e o território perante sua forma física, como o relevo, a fronteira e os recursos naturais.
   c. são as estratégias políticas para controle e manutenção do Estado, bem como os métodos utilizados para manter a soberania perante as demais nações mundiais.
   d. Nenhuma das alternativas anteriores.

3. Em relação ao termo *geopolítica*, podemos dizer que:
   a. surgiu das ideias de Rudolph Kjéllen, sendo entendido como as estratégias políticas desenvolvidas para obtenção do poder do Estado sobre o seu próprio território físico e sobre os demais Estados nas relações nacionais e internacionais.
   b. são as estratégias governamentais para divisão do território, preocupando-se apenas com a forma física e os recursos naturais.
   c. é o estudo feito pelo governo para definir as rotas das estradas, a localização dos portos e aeroportos e os melhores locais para a instalação de zonas industriais.
   d. Nenhuma das alternativas anteriores.

4. Relacione os tipos de blocos econômicos com suas respectivas definições e, em seguida, assinale a alternativa que indica a sequência correta:
   1. Zona de preferência tarifária
   2. Zona de livre comércio
   3. União aduaneira
   4. Mercado comum
   ( ) Os países-membros têm tarifas aduaneiras menores do que as tarifas praticadas entre as demais nações. É o modelo mais simples de integração.
   ( ) Além da redução ou eliminação das tarifas aduaneiras entre si, os países-membros estabelecem a TEC – Tarifa Externa Comum. Permite o trânsito de bens de capital e serviços, não sendo permitida a livre circulação de pessoas, e exige que ao menos 85% dos produtos comercializados dentro do bloco sejam livres das tarifas aduaneiras.
   ( ) É o mais avançado dos blocos econômicos, pois, além das características da união aduaneira, permite também a circulação de pessoas e mão de obra.
   ( ) Tem como objetivo eliminar ou reduzir as tarifas aduaneiras. Exige que, no mínimo, 80% dos bens produzidos pelos países-membros sejam comercializados dentro do bloco sem as taxas alfandegárias.

   a. 1,3,4,2.
   b. 3,2,1,4.
   c. 4,2,1,3.
   d. 2,1,3,4.

5. Sobre o capitalismo e o socialismo clássico, descreva de forma sucinta as características destes, com base nas informações deste capítulo.

Blocos econômicos mundialmente proeminentes: gigantes da Europa Ocidental

Conteúdos do capítulo
» Estrutura de comércio e logística dos blocos econômicos da Europa Ocidental

Após o estudo deste capítulo, você será capaz de:
1. conhecer os objetivos e a estrutura dos blocos da Europa Ocidental;
2. entender a relação entre o Espaço Econômico Europeu e os blocos econômicos da Europa Ocidental;
3. conhecer os principais portos, aeroportos, rodovias, ferrovias e hidrovias desses dois blocos econômicos.

Iniciaremos agora um estudo mais apurado a respeito da União Europeia e da Associação Europeia de Livre Comércio, descrevendo-as detalhadamente, elencando seus países-membros e analisando a geografia política de seus principais mercados, bem como suas respectivas relações comerciais com o Brasil.

European Union – EU (União Europei

A European Union – EU (União Europeia), classificada como mercado comum (único existente no mundo), é o maior e mais importante bloco econômico do planeta, representando o maior avanço na formação de integrações regionais.

A ideia de união entre os países da Europa surgiu após sucessivas guerras entre países vizinhos, sendo a maior delas a Segunda Guerra Mundial. A partir de 1950, a Comunidade Europeia do Carvão e do Aço dá início a um processo de incentivo à união desses países. Em 1957, com o Tratado de Roma (Itália), surge a Comunidade Econômica Europeia (CEE) e, após várias rodadas de negociações, em 1992 são eliminadas as últimas barreiras alfandegárias com o Tratado de Maastricht (Holanda). O pleno funcionamento da União Europeia se deu a partir de 1993 (Europa, 2010a).

Atualmente, a União Europeia é composta por 27 países-membros, de acordo com o *site* oficial do bloco (Europa, 2010b):

- Alemanha;
- Áustria;
- Bélgica;
- Bulgária;
- Chipre;
- Dinamarca;
- Eslováquia;
- Eslovênia;
- Espanha;
- Estônia;
- Finlândia;
- França;
- Grécia;
- Holanda (Países Baixos);
- Hungria;
- Irlanda;
- Itália;
- Letônia;
- Lituânia;
- Luxemburgo;
- Malta;
- Polônia;
- Portugal;
- Reino Unido;
- República Tcheca;
- Romênia;
- Suécia.

Mais três países são candidatos ao ingresso na União Europeia: a antiga República da Iugoslávia, a Croácia e a Turquia (Europa, 2010b).

O maior bloco econômico mundial, conforme descrito em seu *site* oficial, não é uma federação (país) nem uma organização de cooperação entre governos, como a Organização das Nações Unidas (ONU). Os países que pertencem à União Europeia continuam sendo nações soberanas e independentes, mas congregaram as suas soberanias em algumas áreas para ganharem uma força e uma influência no mundo que não poderiam obter isoladamente (Europa, 2009).

Ainda de acordo com o *site* oficial da União Europeia (Europa, 2009), os processos de tomadas de decisões desse bloco envolvem três instituições:

» Parlamento Europeu: Diretamente eleito pelos cidadãos da União Europeia, com eleições a cada 5 anos. Tem como função principal elaborar os atos legislativos do bloco econômico.
» Conselho da União Europeia: Representa os Estados-membros e é o principal órgão de tomada de decisões sobre diversos assuntos, como relações externas, finanças, transporte, educação etc.
» Comissão Europeia: Defende os interesses de toda a União Europeia. Elabora novas propostas de legislação, apresentando-as ao Parlamento Europeu e ao Conselho da União Europeia.

Perguntas & respostas

O Euro é utilizado em todos os países-membros da União Europeia?
Não. O Euro (€) é adotado por 16 dos 27 países-membros do bloco.

Além dessas três instituições, existem diversos órgãos com atividades específicas (Europa, 2009):
» Comitê das Regiões: Representa as autoridades regionais e locais.
» Banco Europeu de Investimento: Financia projetos de investimento do bloco e ajuda pequenas empresas por intermédio do Fundo Europeu de Investimento.
» Banco Central Europeu: É responsável pela política monetária europeia.
» Provedor de Justiça Europeu: Investiga as queixas dos cidadãos sobre a má administração das instituições e órgãos da União Europeia.
» Autoridade Europeia para a Proteção de Dados: Salvaguarda a privacidade dos dados pessoais dos cidadãos.
» Serviço das Publicações Oficiais das Comunidades Europeias: Publica informações sobre a União Europeia.
» Serviço Europeu de Seleção do Pessoal das Comunidades Europeias: Recruta pessoal para as instituições e os outros órgãos do bloco.
» Escola Europeia de Administração: Oferece formação em áreas específicas aos funcionários das instituições da União Europeia.

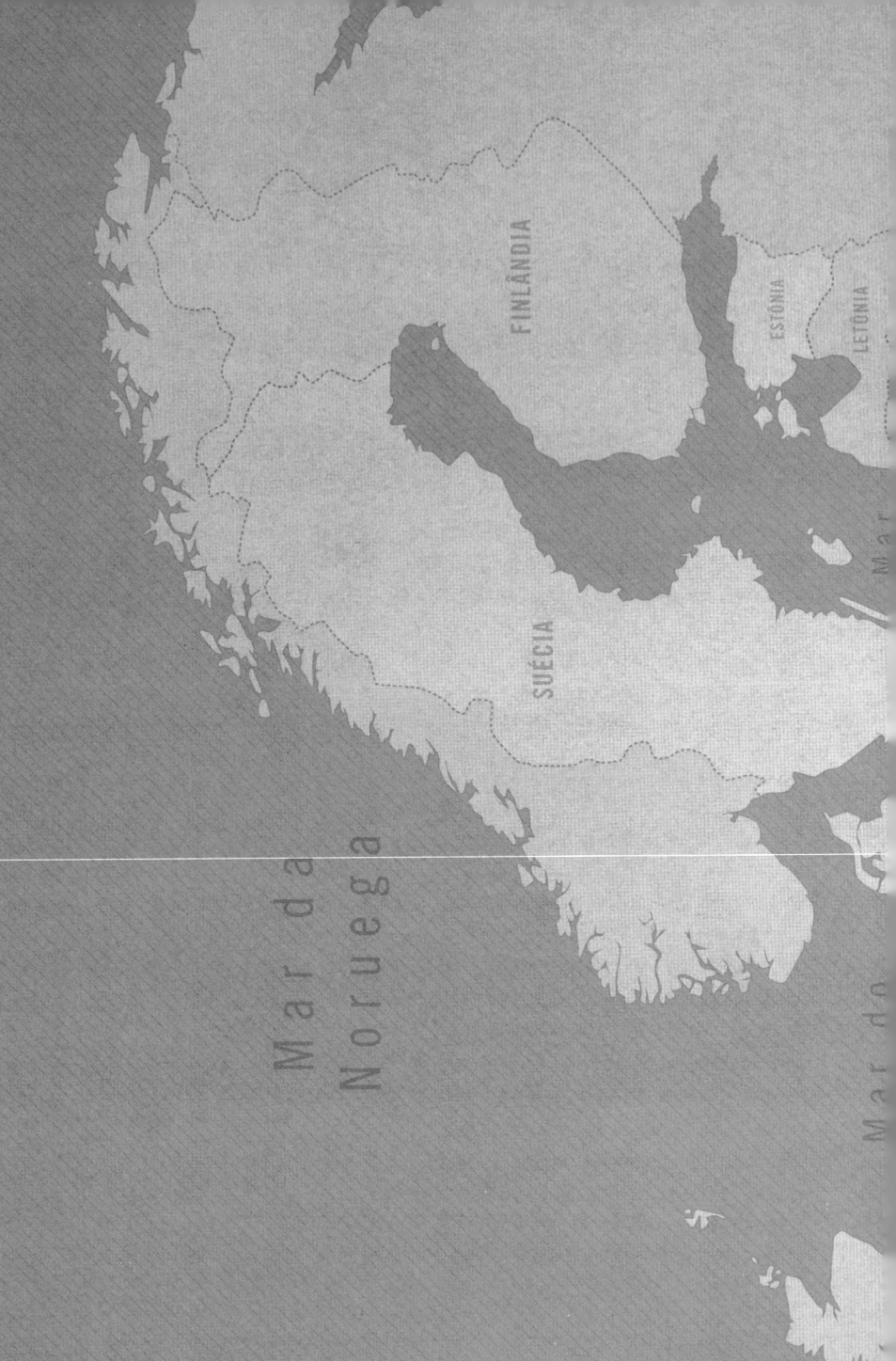

UNIÃO EUROPEIA

FINLÂNDIA

ESTÔNIA

LETÔNIA

SUÉCIA

Mar da Noruega

Londres
Bruxelas
Eurotúnel
Lille
Bélgica
Liège
Luxemburgo
Rio Reno
Alemanha
Polônia
Frankfurt
A4
Le Havre
Rouen
Canal da Mancha
Paris
Rio Mosa
A13
A84
A28
Rio Sena
Dijon
Estrasburgo
República Tcheca
Eslováquia
Áustria
Hungria
Eslovênia
Romênia
Oceano Atlântico
França
Bilbao
E804
AP2
A2
Saragoza
Barcelona
Madri
Portugal
Espanha
Itália
Bulgária
Mar Negro
Lisboa
Évora
Sines
Beja
Valência
Mar Mediterrâneo
Grécia
Estreito de Gibraltar
Malta
Chipre
Ferrovia
Rodovia
Porto
Aeroporto
Autobahn A4
Autobahn A9
Autovia A2
Autopista AP2
European Route E804
Autoroute A13
Autoroute A28
Autoroute A84

Segundo dados do Ministério do Desenvolvimento, Indústria e Comércio Exterior (Brasil, 2010q, 2010s) o volume de exportações do Brasil para a União Europeia fica perto dos US$ 40 bilhões (FOB – *Free on Board**), sendo aproximadamente 50% desse valor em produtos industrializados, manufaturados ou semimanufaturados e o restante em produtos básicos. Já as importações realizadas pelo Brasil da União Europeia perfazem aproximadamente US$ 30 bilhões (FOB). Esses números representam um intercâmbio de cerca de US$ 80 bilhões. Para que você tenha ideia do volume negociado, basta analisarmos o intercâmbio total brasileiro, que é de aproximadamente US$ 280 bilhões. Podemos observar que o comércio com a União Europeia representa mais de 30% do total de exportações realizadas pelo Brasil (Brasil, 2010q, 2010s).

Os principais produtos brasileiros exportados para a União Europeia são: produtos alimentícios, como grãos oleaginosos, principalmente soja *in natura* e triturada, minério de ferro, café em grãos, madeira e derivados.

* Caso você queira se inteirar a respeito desse e dos demais *incoterms* existentes, veja o Apêndice *Incoterms* desta obra.

Para saber mais

COMISSÃO EUROPEIA. Uma globalização benéfica para todos: a União Europeia e o comércio mundial. Disponível em: <http://ec.europa.eu/publications/booklets/move/37/pt.pdf>. Acesso em: 30 set. 2010.

Esse texto da série *A Europa em movimento* consiste em uma pequena análise da União Europeia e de sua influência no panorama comercial mundial, com sua relação com a Organização Mundial do Comércio (OMC), sua responsabilidades perante os países-membros e seus parceiros e os acordos comerciais da União Europeia e suas implicações.

Se você pensa em exportar para países da Europa que fazem parte da União Europeia, é importante que você conheça, além das questões alfandegárias, as características de cada país-membro: produtos consumidos, transportes utilizados, localização dos portos e aeroportos, além da distribuição das mercadorias dentro do continente.

Diante dessas questões, vamos analisar os principais portos e aeroportos da Europa e conhecer as formas de escoamento dos produtos, do exportador até o consumidor final.

Na Europa, existem aproximadamente 1.200 portos, por onde passam 90% das mercadorias em circulação pelo continente. Segundo a Comissão Europeia (Europa, 2010c), "o comércio marítimo quadruplicou nos últimos 40 anos e o transporte de contentores cresceu consideravelmente desde 2000, prevendo-se que triplique até 2020". Existem ainda vários outros portos que são de grande importância para a União Europeia e que se transformaram em importantes centros de logística, graças à importante localização geográfica destes.

Veja a seguir a relação desses portos:

- **Alemanha**: Porto de Bremen e Bremerhaven.
- **Bélgica**: Porto de Antuérpia, Porto de Gent, Porto de Oostende e Porto de Zeebrugge.
- **Chipre**: Autoridade dos Portos de Chipre.
- **Dinamarca**: Porto de Aabenraa, Porto de Aarhus e Porto de Kalundborg.
- **Espanha**: Porto de Barcelona, Porto de Bilbao, Porto de Cartagena e Porto de Valência.
- **Finlândia**: Porto de Nowerail.
- **França**: Porto de Bordéus, Porto de Brest e Porto de Le Havre.
- **Grécia**: Porto de Tessalônica.
- **Holanda**: Porto de Roterdã e Porto de Amsterdã.
- **Irlanda**: Porto de Belfast e Porto de Larne.
- **Itália**: Porto de Gênova, Porto de Gioia Tauro, Porto de La Spezia, Porto de Livorno, Porto de Nápoles, Porto de Ravena, Porto de Salerno, Porto de Savona, Porto de Taranto, Porto de Trieste e Porto de Veneza.
- **Letônia**: Porto de Liepaja.
- **Lituânia**: Porto de Klaipèda.
- **Polônia**: Porto de Swinoujscie.
- **Portugal**: Porto de Sines e Porto de Setúbal.
- **Reino Unido**: Porto de Great Yarmouth e Porto de Londres.
- **Suécia**: Porto de Helsingborg e Porto de Malmo.

Desses portos citados, os principais tidos como porta de entrada para as mercadorias exportadas pelo Brasil são o de Roterdã, na Holanda, o de Le Havre, na França, o de Sines, em Portugal, o de Barcelona, na Espanha, e o de Antuérpia, na Bélgica.

Principais portos da União Europeia

Vamos estudar cada um desses portos para conhecermos um pouco mais sobre a capacidade de recepção e movimentação de cargas destes.

⚓ Porto de Roterdã*

Esse grande porto europeu está localizado no Mar do Norte, na foz do Rio Reno, Holanda, e tem acesso direto à hidrovia desse rio. O porto tem ótimas ligações com os demais países, contando com vários modais de transportes – fluvial, ferroviário e gasodutos. Para você ter uma ideia das dimensões desse porto, basta afirmarmos que ele conta com uma área de 10.500 ha** e se estende por 40 km.

O Porto de Roterdã atende a uma área de mais de 150 milhões de consumidores, que estão localizados em um raio de até 150 km, além de mais de 500 milhões de pessoas em toda a Europa. De acordo com a administração do Porto de Roterdã, as mercadorias que chegam em dada manhã podem ser entregues na tarde do mesmo dia na Alemanha, na Bélgica, na França e na Grã-Bretanha. Os principais centros industriais e comerciais da Europa Ocidental podem ser alcançados em menos de 24 horas.

Uma das grandes vantagens de Roterdã é sua localização junto aos Rios Reno e Mosa. Esse diferencial propicia um transporte rápido e eficiente por via fluvial até o centro da Europa. Existe também uma linha férrea, chamada de *Betuwe*, que liga Roterdã à Alemanha, agiliza as entregas de mercadorias e minimiza os custos de transporte. Outras pequenas embarcações ligam o porto a mais de 200 portos da Europa.

O porto está preparado para receber produtos químicos, minérios, granéis líquidos e sólidos, veículos de carga geral, cargas frigoríficas, alimentos e embalagens simultaneamente. Em Roterdã, são movimentados perto de 500 milhões de toneladas de produtos e mais de 10 milhões de TEUs*** anualmente. São volumes recordes para Roterdã, ano após ano.

---

* O conteúdo desta seção é baseado nos dados do *site* oficial do Porto de Roterdã (Port of Rotterdam, 2010).

** ha= hectares (10.000 m²) (Inmetro, 2011).

*** TEU – Twenty Feet or Equivalent Unit (unidade de vintes pés ou equivalente): O termo refere-se aos contêineres com 20 pés. Por exemplo: se um navio tem capacidade para transportar 5 mil TEUs, significa que podem ser transportados 5 mil contêineres de 20 pés ou 2.500 contêineres de 40 pés. Um contêiner de 20 pés mede 6,05 m de comprimento; já o contêiner de 40 pés mede 12,1 m. Os dois tipos contam com altura e largura padrão de 2,43 × 2,59 m.

Porto de Antuérpia*

O Porto de Antuérpia é o 2º maior porto da Europa e o 5º maior do mundo. Está localizado na Europa Ocidental, na Bélgica, mais precisamente no delta dos Rios Reno, Mosa e Escalda, com circulação regular de 300 linhas de navegação. É o maior porto fluvial do mundo e líder em operações com granéis sólidos, com uma área total superior a 13.300 ha, sendo 542 ha de área coberta. Mais de 200 empresas operam no porto, que possui 160 km de cais para embarque e desembarque, com um tráfego anual de mais de 16 mil navios oceânicos e lacustres e 65 mil embarcações fluviais. São movimentados cerca de 175 milhões de toneladas de mercadorias e 7 milhões de TEUs nesse porto.

Antuérpia está praticamente no centro da Europa, abarcando 80% do mercado consumidor europeu em um raio de 500 km e contando com um grande complexo industrial, com mais de 130 km². Tais dados fazem desse porto uma base de abastecimento para a Europa. O comércio da União Europeia possui 60% de sua capacidade dentro de um raio de 500 km de Antuérpia. Além disso, 60% do fluxo de contêineres está num raio de 100 km e 80% num raio de 200 km do porto.

Para movimentar o transporte de mercadorias, todos os terminais do Porto de Antuérpia têm conexões para o transporte ferroviário e fluvial da Europa, bem como acesso direto a todas as autoestradas do continente. Cerca de 30% das mercadorias que chegam ou saem do porto belga são transportadas pelo modal rodoviário e todo o restante por ferrovias, hidrovias, navegação marítima e dutos.

As rodovias da Bélgica estão entre as mais modernas do mundo, sendo totalmente iluminadas e sem pedágios. Para ligação com os sistemas rodoviários da Alemanha, da França e da Holanda, as rodovias possuem pistas com sete faixas e, quando ocorrem congestionamentos, estes estão muito distantes dos que ocorrem no restante da Europa.

Partindo de Antuérpia, você pode chegar à capital da Bélgica, Bruxelas, em 45 minutos de viagem, podendo utilizar as Autopistas A1 ou A12. Para Liège, uma das principais cidades da Bélgica, a viagem é realizada pela Autopista A3, com acesso pela Autopista A1 ou diretamente pela Autopista A13, em aproximadamente 1 hora e 20 minutos.

A Bélgica possui uma malha ferroviária notadamente bem desenvolvida. São 3,6 mil km de ferrovias, para um país com

* O conteúdo desta seção é baseado em Souza (2010).

pouco mais de 30,5 mil km². Uma rede de trens de alta velocidade liga a capital belga às principais capitais europeias em poucas horas, como Londres (em 2 horas e 40 minutos) e Frankfurt (em 3 horas e 30 minutos).

* Para efeito de comparação, o Brasil tem uma área territorial de mais de 8,5 milhões de km² (IBGE, 2010) e conta com 29.367 km de ferrovias (ANTT, 2010).

Uma importante vantagem é a proximidade com o Eurotúnel, que liga a França à Inglaterra, sob o Canal da Mancha. O percurso de 50 km é percorrido em 35 minutos, a uma velocidade média de 160 km/h.

Para completar os modais de transportes belgas, existe uma rede de aproximadamente 1.500 km entre rios e canais, formando um sistema hidroviário interno dos mais densos do mundo, que faz ligação com os sistemas dos países vizinhos.

⚓ Porto de Le Havre**

Uma das principais portas de entrada para a Europa é o Porto de Le Havre, na França. Sua localização geográfica é estratégica, pois está situado no ponto mais a oeste do norte da França, na embocadura do Rio Sena, no Canal da Mancha – Mar do Norte. Por essa região transita um quarto do transporte marítimo mundial. Le Havre está entre os maiores portos do mundo e é o primeiro a ser alcançado pelos navios que partem das Américas e do Oriente.

Le Havre movimenta cerca de 2,5 milhões de TEUs, representando mais de 60% do total de contêineres movimentados nos portos franceses. Essa marca faz de Le Havre o maior porto de contêineres da França.

** O conteúdo desta seção é baseado em LFC Management (2010).

A localização privilegiada desse porto permitiu que os operadores logísticos implantassem uma espécie de centro de distribuição de mercadorias para toda a Europa Ocidental. Para facilitar o acesso aos portos de menor porte, são realizadas operações de transbordo*** e de cabotagem. A distribuição das mercadorias é feita por meio de rodovias e ferrovias, além do transporte fluvial.

No caso do transporte rodoviário, Le Havre está ligada a Paris por duas rodovias (autoestradas) – A13 e A14 – com conexões para vários outros destinos. Caso você queira acessar países da região central da Europa, como a Itália, temos as Rodovias

*** Caso você queira se inteirar dos significados dos termos destacados, veja o Apêndice *Modelo de porto* desta obra.

Blocos econômicos no panorama mundial: análise geográfica e econômica

A28 e A29. O sul da França é acessado pela Rodovia A84. Com essas ligações, há maior fluidez na distribuição das mercadorias.

Em se tratando de transporte ferroviário, modal que representa quase 9% do movimento de cargas do Porto de Le Havre, os destinos mais utilizados são:

» Lille, a pouco mais de 300 km do porto, situada no norte da França, divisa com a Bélgica;
» Dijon, a aproximadamente 500 km do porto e localizada mais ao nordeste do país, não distante da Suíça;
» Estrasburgo, situada a quase 800 km do porto, no extremo nordeste do país e bem próximo à fronteira com a Alemanha.

O transporte fluvial ocupa lugar de destaque, já que o porto está localizado na foz do Rio Sena, que dá acesso a vários portos fluviais, como o Porto de Rouen, que também recebe navios oceânicos, e vários outros portos de menor porte, como Elbeuf, Limay e Honfleur, chegando até a capital francesa, Paris. O Sena faz ligação com diversos rios e canais, possibilitando o atendimento a uma grande área do país e o acesso a outros países vizinhos, sendo possível navegar com embarcações com capacidade para até 5 mil toneladas. Pelo Sena são transportadas principalmente cargas sólidas a granel, mas o tráfego de contêineres continua em expansão. Para destinos como Espanha, Portugal e Irlanda, são utilizados navios porta-contêineres de menor porte, os *feeders*, operando com diversas escalas semanais.

Com essas facilidades para escoamento dos produtos, Le Havre se tornou um polo logístico, pois várias empresas montaram em seu porto seu centro de distribuição, localizado no Parque Logístico da Ponte de Normandia, que está localizado junto às Rodovias A29 e A131, consideradas estratégicas, pois a partir delas você pode dirigir por todo o território francês e acessar vários outros países.

De acordo com artigo do *Diário Comércio, Indústria e Serviços* (DCI), citado pela Federação Nacional dos Estivadores (FNE, 2010), no processo de expansão do Porto de Le Havre serão investidos 1,5 bilhões de dólares até 2011 para que este se torne "o principal destino de produtos refrigerados brasileiros e etanol produzidos no Brasil". Segundo Jean-Pierre Bernard, representante do Porto de Le Havre para a América e Chile, entrevistado para o referido artigo (2010), "No tráfego com o Brasil, o Havre tem dois grandes objetivos", que, de acordo com a FNE, "são a entrada de etanol e biodiesel no mercado europeu, além do desenvolvimento de mercados como o de carnes, frutas e peixes". Ainda de acordo com Bernard, "Até 2015 serão mais 4,2 km de comprimento em novos berços".

O representante do Porto de Le Havre ainda explica que "as vantagens econômicas do porto se devem ao posicionamento geográfico para a distribuição das cargas no continente europeu". De acordo com a FNE (2010), "Há uma economia de até 500 euros por contêiner em relação a outros portos da Europa em função do custo do transporte rodoviário para distribuição em grandes centros, como Paris, ante o Porto de Roterdã (Holanda)".

⚓ Porto de Barcelona*

Barcelona está localizada no nordeste da Espanha, na região conhecida como *Catalunha*, no Mar Mediterrâneo. Seu acesso ao Oceano Atlântico se dá pelo Estreito de Gibraltar e ao Oceano Índico pelo Canal de Suez. As origens desse porto remontam a 1438, quando o então Rei Afonso V concedeu a autorização privilegiada para construir um porto onde os diretores da cidade o desejassem.

Atualmente, o Porto de Barcelona ocupa uma área de 828,9 ha de área terrestre, com calado** de até 16 m, movimentando mais de 50 milhões de toneladas de mercadorias e mais de 2,5 milhões de TEUs por ano. Está em andamento um projeto para ampliação do porto, com a intensão de torná-lo, até 2011, a porta logística da Europa.

Veja a seguir algumas vantagens do referido porto espanhol:

» especialista em movimentação de contêineres, contando com 2 terminais internacionais, com calado de 16 m e mais de 3 km de berços de atracagem***;
» terminal de tráfego nacional e para cabotagem;
» especialista em tráfego de veículos, contando com 2 terminais, 5 ferrovias para carga e 1.200 m de extensão no berço de atracagem, sendo o principal do Mediterrâneo.
» líder em cruzeiros marítimos no Mediterrâneo, com 7 terminais de passageiros.

No que se refere aos meios de transporte para escoamento das mercadorias que passam pelo Porto de Barcelona, vemos que o modal rodoviário é predominante na Espanha. As rodovias do país são divididas em autopistas e autovias: as primeiras são pedagiadas e pertencem à iniciativa privada, sendo localizadas, em sua maioria, nas regiões leste e norte da Espanha, consideradas mais ricas e populosas; as segundas, por sua vez, pertencem ao Estado, não havendo cobranças de pedágios. O sistema rodoviário espanhol é extremamente eficiente, possibilitando que as mercadorias que chegam ao Porto de Barcelona sejam distribuídas nas principais cidades com tempo máximo de pouco mais de 6 horas. No caso das mercadorias com destino à capital espanhola, Madri, que fica a 630 km do Porto de Barcelona, por exemplo, a distribuição de mercadorias pode ser feita em um tempo pouco superior a 6 horas, trafegando-se pela Autopista A2 ou pela Autovia E90, passando por Saragoza, que fica a 310 km do porto. Outras cidades importantes da Espanha, como Valência, situada a 365 km ao sul de Barcelona, podem ser acessadas em pouco mais de 3 horas e meia. No caso de Bilbao, no norte do país, a 600 km de Barcelona, pode ser acessada em 5 horas e meia, utilizando-se as Autovias AP2 ou E90 e E804.

---

* O conteúdo desta seção é baseado em Autoritat Port de Barcelona (2010).

** Caso você queira se inteirar do significado do termo destacado, veja o Apêndice *Modelo de porto* desta obra.

*** Idem.

O sistema ferroviário foi o principal meio de transporte de cargas no país até o incremento das rodovias. Atualmente, uma pequena parcela de trens de carga circula pelo país, de forma a complementar o transporte rodoviário. Uma das maiores dificuldades de expansão das ferrovias está na largura da bitola usada*, incompatível com o sistema europeu. Em 1992, foi construída a linha ferroviária Madri-Sevilha, utilizando-se o padrão de bitola europeia. O sucesso dessa ferrovia gerou um impulso de reforma e ampliação dos recursos modais do país, mas isso ainda é fonte de discussão interna. Vale lembrarmos que a Espanha possui um dos mais avançados sistemas de transporte ferroviário de passageiros.

---

* Largura da bitola: É a distância entre os trilhos da linha férrea; em outras palavras, a largura da linha. Por exemplo: na bitola métrica, a largura da linha é de 1 metro.

⚓ Porto de Sines

A cidade de Sines, em Portugal, foi escolhida para abrigar a construção de um porto de águas profundas no início dos anos 1970, entrando em funcionamento em 1978. De acordo com seu *site* oficial (Porto de Sines, 2010b), "o Porto de Sines fica localizado no Sudoeste da Europa, a 58 milhas marítimas a Sul de Lisboa, no cruzamento das principais rotas marítimas internacionais [...]". O referido porto faz parte do reduzido número de portos europeus de águas profundas, com calado de 28 m de profundidade, permitindo, desse modo, a acostagem** de navios até 350 mil DWT*** (Porto de Sines, 2010b).

O Porto de Sines é considerado a Porta Atlântica da Europa, movimentando mais de 27 milhões de toneladas de mercadorias por ano, com um fluxo de quase 1.500 navios por ano, sendo o maior do país em movimentação de granéis líquidos. Esse porto movimenta ainda um grande volume de contêineres petroquímicos, de gás natural e de granéis sólidos (Porto de Sines, 2010b).

** Acostagem: Chegada e estacionamento de navios.

*** Caso você queira se inteirar do significado desta sigla, veja o Apêndice *Classificação de navios* desta obra.

Por estar em uma localização estratégica, tornou-se um *hub** da região ibero-atlântica. Sines tem *hinterland*** direto com o sul e o centro de Portugal, estando localizado a 150 km da capital, Lisboa, a 100 km de Beja e a 125 km de Évora, ambas na região central do país (Porto de Sines, 2010c).

Sines tem um excelente acesso logístico, com modais rodoviários e ferroviários, ligados diretamente à zona industrial europeia. Até 2015, o porto deve duplicar sua capacidade de carga movimentada quando for criada uma ligação do *hinterland* português com o espanhol, através das Rodovias IC33 e IP8. A Rodovia IC33 é o acesso a Évora e segue para a Espanha, via Rodovia IP2. Partindo de Sines pela Rodovia N121 e acessando a Rodovia IP8, passa por Beja, oeste de Portugal, e segue para a Espanha (Porto de Sines, 2010a).

---

* *Hub*: Concentrador que distribui as mercadorias por vários pontos em uma rede.

** *Hinterland*: Zona de influência de um porto. Combinado com o *hub*, forma linhas para distribuição de mercadorias a partir de um determinado local.

Aeroportos da União Europeia

Dando continuidade aos estudos das mais importantes vias de acesso de mercadorias da União Europeia, vamos conhecer os principais aeroportos localizados no âmbito desse bloco econômico, bem como o volume de carga movimentado por eles.

Os maiores aeroportos da União Europeia, em volume de mercadorias transportadas, são os seguintes:

» Aeroporto Charles de Gaulle, Paris, França;
» Aeroporto de Frankfurt, Alemanha;
» Aeroporto de Amsterdã Schiphol, Amsterdã, Holanda;
» Aeroporto Internacional de Londres – Heathrow, Londres, Inglaterra.

Veja cada um deles de forma mais detalhada no item a seguir.

✈ Aeroporto Charles de Gaulle

> Nome oficial: Paris Roissy Charles de Gaulle Airport (Aeroporto Charles de Gaulle)
> Código Iata*: CDG

Esse famoso aeroporto localizado em Paris, França, é o maior da Europa em movimentação de cargas. Anualmente, são movimentadas mais de 2 milhões de toneladas de mercadorias. O Aeroporto Charles de Gaulle também possui primeira colocação em fluxo de aeronaves, com um trânsito de quase 600 mil aviões por ano, e segunda colocação em movimento de passageiros, com mais de 60 milhões de passageiros ao ano.

Está localizado a aproximadamente 30 km do centro de Paris, com um acesso rápido e fácil à capital, que pode ser realizado em 35 minutos pelas Autopistas A1 ou A3. O acesso às demais regiões francesas também é facilitado devido à localização do aeroporto, podendo-se utilizar as Autovias A1 para o Norte, A11 para o Oeste, A6 para o Leste e A77 para o Sul (Aéroports de Paris, 2010).

* Iata: sigla de *International Air Transport Association* (Associação Internacional de Transporte Aéreo).

✈ Aeroporto de Frankfurt

> Nome oficial: Frankfurt Flughafen (Aeroporto de Frankfurt)
> Código Iata: FRA

Localizado em Frankfurt, Alemanha, esse é o segundo maior aeroporto europeu em movimentação de cargas e fluxo de aeronaves e o terceiro maior em volume de passageiros. O aeroporto alemão movimenta mais de 2 milhões de toneladas de cargas, com fluxo anual de 480 mil aeronaves e de mais de 53 milhões de passageiros.

A localização do aeroporto está a 13 km do centro de Frankfurt; portanto, a viagem para a referida cidade não dura mais do que 20 minutos pela Rodovia B43. Já a capital alemã, Berlim, está a 560 km a nordeste do Aeroporto de Frankfurt, sendo necessárias aproximadamente 5 horas de viagem para o acesso ao aeroporto, utilizando-se as Rodovias A4 e A9 (Frankfurt Airport, 2010).

✈ Aeroporto de Amsterdã Schiphol

Nome oficial: Amsterdam Airport Schiphol (Aeroporto de Amsterdã Schiphol)
Código Iata: AMS

O Aeroporto de Amsterdã Schiphol, localizado em Amsterdã, Holanda, é o terceiro mais importante aeroporto da União Europeia no transporte de cargas e o quinto em volume de passageiros e tráfego de aeronaves. A circulação de cargas supera 1,5 milhões de toneladas e mais de 47 milhões de passageiros, com cerca de 430 mil voos por ano. Só para a América Latina, são quase 7 mil voos por ano, segundo informações do próprio aeroporto.

O aeroporto se encontra no entroncamento das autopistas A4 e A5 e o acesso até o centro de Amsterdam se dá pela Autopista A4, no sentido norte, em aproximadamente 25 minutos, perfazendo-se uma distância de 18 km. Além disso, o Aeroporto de Amsterdã Schiphol abriga um conglomerado de 582 empresas, que, juntas, empregam mais de 65 mil pessoas (Schipol Amsterdam Airport, 2010).

✈ Aeroporto Internacional de Londres – Heathrow

Nome oficial: London Heathrow International Airport (Aeroporto Internacional de Londres – Heathrow)
Código Iata: LHR

O Aeroporto Internacional de Londres – Heathrow está localizado a cerca de 25 km do centro da capital inglesa e é o quarto maior da Europa em movimentação de cargas, com quase 1,5 milhão de toneladas transportadas anualmente. É o maior aeroporto da Europa no volume de passageiros, com a marca de 70 milhões de passageiros por ano. Ocupa ainda o terceiro lugar no tráfego de aviões, com mais de 450 aeronaves por ano.

O tempo de viagem de Heathrow até o centro de Londres dura em média 35 minutos pela Rodovia M4 e 45 minutos pela A40. Com pouco mais de 2 horas de viagem pela Rodovia M25 e, posteriormente, pela M20, chega-se ao Eurotúnel, que liga Inglaterra e França por meio de um trem de alta velocidade (Heathrow, 2010; Airport International, 2011).

Para saber mais

Caso você queira informações complementares a respeito do comércio do Brasil com a União Europeia, consulte o relatório da Secretaria do Comércio Exterior indicado a seguir. Nele você encontrará uma série de informações, tais como barreiras tarifárias, não tarifárias e técnicas impostas pela União Europeia.

BRASIL. Ministério do Desenvolvimento, Indústria e Comércio Exterior. Secretaria de Comércio Exterior. Barreiras externas às exportações brasileiras. Brasília, [200-]. Disponível em: <http://www.desenvolvimento.gov.br/arquivos/dwnl_1196773199.pdf>. Acesso em: 18 out. 2010.

European Free Trade Association – Efta (Associação Europeia de Livre Comércio)

A European Free Trade Association – Efta (Associação Europeia de Livre Comércio) foi criada em 1960 pela Convenção de Estocolmo e atualmente é composta por quatro países-membros: Islândia, Liechtenstein, Noruega e Suíça (Efta, 2010b).

A Efta é uma organização intergovernamental com a finalidade de promover a integração econômica e o livre comércio para beneficiar os países integrantes do referido bloco, sendo também responsável por gerir os seguintes órgãos, de acordo com o *site* oficial do bloco (Efta, 2010b):

» Convenção da Efta: Constitui a base jurídica da associação e rege as relações comerciais entre os países-membros do bloco.
» Órgão Mundial de Livre Comércio e Acordos de Parceria: Tem por finalidade fechar acordos comerciais com diversos países do mundo, indo além das fronteiras europeias. O referido órgão assegura aos operadores econômicos o livre acesso a mercados com mais de 440 milhões de consumidores.
» Espaço Econômico Europeu: Permite que três países da Efta participem também da União Europeia (Islândia, Liechtenstein e Noruega).

Agora que você já conhece a Efta, passaremos a estudar a estrutura do bloco e detalhar o European Economic Area – EEA, também conhecido como *Espaço Econômico Europeu*.

Perguntas & respostas

Os países-membros do Efta também são membros da União Europeia?
Não, mas fazem parte do Espaço Econômico Europeu.

Estrutura da Efta

A estrutura da Efta é composta pelo Conselho da Efta, pela Comissão Permanente e pela Comissão Mista do bloco.

O Conselho da Efta é o órgão mais importante do bloco. Normalmente, a reunião dos integrantes desse órgão acontece mensalmente, com seus respectivos embaixadores, que são os chefes das delegações permanentes da Efta. Nessas reuniões, são realizadas consultas mútuas entre as delegações, negociações são consolidadas e decisões políticas referentes ao bloco são tomadas. O conselho também se reúne duas vezes no ano, com os seus respectivos ministros.

A presidência dos conselhos e das comissões se alternam semestralmente entre os Estados-membros. Em 2010, Islândia e Suíça assumiram a presidência do conselho; a Liechtenstein e Islândia foi concedida a liderança da Comissão Permanente e da Comissão Mista, respectivamente (Efta, 2010b).

European Economic Area* – EEA (Espaço Econômico Europeu)

Após a criação da União Europeia, vários países deixaram a Efta para se unirem àquele bloco, restando na Associação Europeia de Livre Comércio apenas os quatro países-membros vistos anteriormente.

Em 1994, os 27 países-membros da União Europeia, mais 3 dos 4 membros da Efta (Islândia, Liechtenstein e Noruega), reuniram-se e formaram um mercado interno único conhecido como *Espaço Econômico Europeu*.

* Para conhecer mais sobre o acordo referente ao Espaço Econômico Europeu, acesse o *site* da Efta: <http://www.Aelc.int/eea/eea-agreement.aspx>.

Perguntas & respostas

O que é o Espaço Econômico Europeu?
É um acordo que prevê a inclusão da legislação europeia, a qual abrange as quatro liberdades: livre circulação de bens, serviços, pessoas e capitais, nos 30 países-membros do EEA. É composto pelos 27 membros da União Europeia mais 3 membros do Efta (Islândia, Liechtenstein e Noruega).

EEA

O acordo abrange a cooperação em outras áreas importantes, como desenvolvimento, política social, meio ambiente, defesa do consumidor, turismo e cultura. O acordo garante igualdade de direitos e obrigações para os cidadãos e operadores do EEA. A Suíça não faz parte do EEE e, embora esteja localizada no centro da Europa, também não faz parte da União Europeia*, mas possui um acordo bilateral com o referido bloco (Efta, 2010a).

---

* Caso você queira se inteirar dos acordos bilaterais entre Suíça e União Europeia, o Swissinfo – Portal Suíço de Informações – possui uma generosa compilação de artigos a respeito. Acesse o *link*: <http://www.swissinfo.ch/por/especiais/a_suica_e_a_uniao_europeia/index.html?cid=856226>.

A Efta e o comércio internacional

Os quatro países-membros da Efta possuem juntos um PIB de quase 600 milhões de euros, com um crescimento médio de 3,38% ao ano. O comércio total do bloco ultrapassa os 512 milhões de euros, sendo 291 milhões em exportações e 221 milhões em importação, segundo informações da própria Efta.

O Brasil mantém um comércio de US$ 5,23 bilhões (FOB) com a Efta. Desse valor, US$ 2,33 bilhões são referentes às exportações, sendo que os principais produtos são soja, café, carnes e minério de ferro. As importações somam US$ 2,9 bilhões (FOB), sendo que os principais produtos importados são medicamentos, vindos da Suíça, e peixes, principalmente o tradicional bacalhau da Noruega (Brasil, 2010p, 2010r).

Principais acessos à Efta

Dois membros da Efta, Liechtenstein e Suíça, estão localizados no centro do continente europeu, sem acesso ao mar, tendo a Alemanha ao norte, a Itália ao sul, a Áustria a leste e a França a oeste. O acesso a mercadorias nesses dois países se dá pelos portos localizados nos países vizinhos. No caso da capital suíça, Zurique, os portos com facilidades de acesso são o de Roterdã, na Holanda, distante aproximadamente 800 km da referida capital, e o de Le Havre, na França, distante 850 km. Outras opções são os portos da Itália, Veneza e Gênova. O primeiro localiza-se a pouco mais de 500 km e o segundo encontra-se aproximadamente a 400 km de Zurique. No caso de Liechtenstein, que está localizado a nordeste da Suíça, basta acrescentar mais 100 km de Zurique.

Você acha que essas são grandes distâncias para o transporte de mercadorias?

Não são, ainda que as mercadorias tenham de atravessar um país inteiro, como a França, no caso de Le Havre, ou a Holanda e a Alemanha, no caso do Porto de Roterdã. Vejamos o que acontece no Brasil: uma mercadoria importada ou exportada pelo Porto de Paranaguá, no Paraná, percorre mais de 700 km até Foz do Iguaçu, que está no mesmo estado. Ainda há casos de mercadorias que viajam do Mato Grosso ou Mato Grosso do Sul até Paranaguá, perfazendo distâncias que passam de 1.700 km.

Os outros dois países, Islândia e Noruega, têm acesso ao mar. A Noruega tem mais de 60% de sua fronteira voltada para o mar e a Islândia, por sua vez, constitui-se em uma ilha a oeste da Noruega e a sudeste da Groelândia. Seus principais portos são: Porto de Oslo, na capital da Noruega, e Porto de Reikjavik, na capital da Islândia. A seguir, conheceremos o Porto de Oslo; não iremos estudar os portos da Islândia pelo fato de estes terem menor volume de movimentação de cargas. Porém, é importante que você saiba que o Porto de Reikjavik está localizado a Sudoeste do país, sendo o porto com maior volume em movimentação de cargas.

⚓ Porto de Oslo

Localizado no sul da Noruega, o Porto de Oslo é o maior e mais importante porto do país, tanto em movimentação de cargas quanto em volume de passageiros. As cargas que chegam ao porto são distribuídas na região de Oslo, que concentra um terço da população norueguesa.

O porto ocupa uma área de 125 mil km², contando com um cais de quase 10 km de extensão e operando sem restrições ao gelo. O calado do porto é de 11 m de profundidade, o que não permite que grandes navios atraquem no porto.

Mas então o que se deve fazer com as mercadorias que cruzam o oceano em grandes navios?

Uma boa alternativa é utilizar o Porto de Roterdã, na Holanda, fazendo a cabotagem da carga para navios menores que consigam chegar até Oslo.

Oslo movimenta quase 6 milhões de toneladas de cargas durante o ano.
A maior parte dos produtos que passam pelo porto consiste em sal, cimento, pedra, madeira, óleo, grãos, papel-jornal e rações. Só em grãos, Oslo movimenta 200 mil

toneladas ao ano e, em cimento, mais de 500 mil toneladas são transportadas. O petróleo também é outro produto com grande operação, sendo que a metade do petróleo consumido na Noruega passa pelo Porto de Oslo.

Completam a rede logística do porto as facilidades de transporte para outros portos da Noruega e da Europa, atribuição da empresa Shortsea Shipping Norway, que opera linhas marítimas regulares para distribuição de mercadorias na Noruega e demais países europeus.

A malha ferroviária da Noruega é bastante extensa, cobrindo boa parte do país. A empresa NBS opera trens de passageiros e de cargas no país, podendo também acessar outros países europeus (Oslo Havn KF, 2010).

Aeroporto de Oslo

Nome oficial: Oslo Airport (Aeroporto de Oslo)/Oslo Airport Gardermoen
Código Iata: OSL

Este é o principal aeroporto da Noruega, atendendo a 19 milhões de passageiros ao ano, sendo Oslo considerado o aeroporto mais pontual da Europa pela Association of European Airlines (AEA).

O Aeroporto de Oslo está localizado no município de Ullensaker, a cerca de 47 km do centro de Oslo, com acesso pela Rodovia E6. O trajeto é feito em aproximadamente 45 minutos.

No setor de cargas, Oslo é um *hub* logístico de distribuição nacional, ultrapassando 97 mil toneladas de cargas movimentadas ao ano, com um tráfego de mais de 220 mil aeronaves. As longas e independentes pistas do aeroporto permitem que aviões cargueiros operem com sua capacidade máxima, o que reduz custos pelo melhor aproveitamento da aeronave.

Partindo do aeroporto de Oslo, você goza de boas conexões rodoviárias e ferroviárias para toda a Noruega e também para a Suécia, além de mais de 100 linhas aéreas para vários pontos do mundo. Além disso, as rodovias e as ferrovias garantem um acesso rápido e fácil a pessoas e mercadorias por todas as regiões do país (Oslo Lufthavn, 2010).

Concluímos nossos estudos sobre os blocos da Europa Ocidental e sua importância, principalmente no que se refere à União Europeia, para o comércio internacional e também para o Brasil.

No capítulo seguinte, você estudará sobre os blocos da África, do Pacífico e da América do Norte e observará a relação comercial desses blocos com a Europa, o que lhe permitirá compreender como funciona a economia globalizada, na qual um bloco se relaciona com vários outros.

Síntese

Neste capítulo, conhecemos a União Europeia, com seus países-membros, sua estrutura e seus aspectos comerciais e logísticos. Também abordamos a Efta e o Espaço Econômico Europeu. Vimos como são distribuídas as mercadorias nesses blocos econômicos, bem como seus portos e aeroportos, além de suas rodovias, ferrovias e hidrovias.

Questões para revisão

1. Sobre a União Europeia, é correto afirmar que:
   a. é o maior bloco econômico mundial, sendo uma organização de cooperação entre governos e a Organização das Nações Unidas (ONU). Os países que pertencem à União Europeia não são nações soberanas e independentes, mas congregam as suas soberanias em algumas áreas para ganharem força e influência no mundo que não poderiam obter isoladamente.
   b. é um bloco econômico classificado como mercado comum, criado pelo Tratado de Maastricht, em 1992, funcionando plenamente a partir de 1993. A União Europeia é formada por 27 países-membros e os processos de tomadas de decisões envolvem três instituições: Parlamento Europeu, Conselho da União Europeia e Comissão Europeia.
   c. é competência do Parlamento Europeu representar os Estados-membros, sendo o principal órgão de tomada de decisões sobre diversos assuntos, como relações externas, finanças, transporte, educação etc.
   d. esse bloco econômico, classificado como mercado comum (único existente no mundo), é o maior e mais importante bloco econômico do planeta, porém não representa avanços na formação de integrações regionais.

2. Quanto ao comércio da União Europeia, avalie a(s) afirmação(ções) verdadeira(s) e, em seguida, indique a alternativa correta:
   I. O comércio do Brasil com a União Europeia representa mais de 20% do total das exportações brasileiras.
   II. A União Europeia detém 17% do comércio mundial, seguida dos Estados Unidos, com 16%, e da China, com aproximadamente 10%.
   III. No território da União Europeia, existem cerca de 1.200 portos, sendo que os principais são: Porto de Roterdã, na Holanda, Porto de Antuérpia, na Bélgica, Porto de Le Havre, na França, Porto de Barcelona, na Espanha, e Porto de Sines, em Portugal.
   IV. Os principais aeroportos que movimentam mercadorias são: Charles de Gaulle, na França, Aeroporto de Frankfurt, na Alemanha, Aeroporto de Schiphol, na Holanda, e Aeroporto de Heathrow, na Inglaterra.
   a. Apenas a alternativa I está correta.
   b. Apenas as alternativas II e IV estão corretas.
   c. Apenas as alternativas I, III e IV estão corretas.
   d. Todas as alternativas estão corretas.

3. Para que as mercadorias cheguem a Zurique, capital da Suíça, podem ser utilizados os seguintes portos:
   I. Porto de Roterdã, na Holanda, distante aproximadamente 800 km.
   II. Porto de Oslo, na Noruega, distante 1.000 km.
   III. Porto de La Havre, na França, distante 850 km.
   IV. Porto de Roterdã, na Suíça, distante 800 km.
   V. Porto de Zurique, na Suíça, distante 5 km do centro da cidade.

   Estão corretas as alternativas:

   a. I, II e III.
   b. I e III.
   c. III e V.
   d. I, II, III, IV e V.

4. Descreva como são distribuídas as mercadorias que chegam ao Porto de Roterdã, o tempo estimado de entrega e o raio de alcance desse porto.

5. Fale sobre a Efta, abordando sua criação, seus membros e seus objetivos.

Poder e desenvolvimento: os blocos econômicos da América do Norte, do Pacífico e da África

Conteúdos do capítulo
» Apresentação dos blocos econômicos da América do Norte, do Pacífico e da África: estrutura, comércio e logística

Após o estudo deste capítulo, você será capaz de:
1. compreender os objetivos e a estrutura dos blocos econômicos da América do Norte, do Pacífico e da África;
2. entender a relação comercial existente entre o Brasil e os blocos analisados neste capítulo, com seus principais produtos e volume de comercialização;
3. conhecer os principais portos, aeroportos, rodovias, ferrovias e hidrovias dos blocos econômicos contemplados neste capítulo.

Neste capítulo, você conhecerá o North American Free Trade Agreement – Nafta (Acordo Norte-Americano de Livre Comércio), essa grande área de livre comércio formada pelos Estados Unidos, pelo Canadá e pelo México. Também verá importantes blocos compostos por países emergentes e com alta produção industrial, como China, entre outros. Ao todo, você verá seis blocos econômicos, alguns deles, aliás, considerados de pequenos porte, mas, ainda assim, importantes.

North American Free Trade Agreement – Nafta (Acordo Norte-Americano de Livre Comércio)

O bloco econômico denominado de *North American Free Trade Agreement* – Nafta (Acordo Norte-Americano de Livre Comércio) teve sua concepção em 1988 e entrou em vigor em 1994, sendo formado pelo Canadá, pelos Estados Unidos e pelo México. Segundo o governo norte-americano, o Nafta é a maior área de livre comércio do mundo, formada por 444 milhões de pessoas, que produzem cerca de US$ 17 trilhões por ano em bens e serviços (Nafta, 2010).

Os objetivos do Nafta, elaborados a partir de seus princípios e prerrogativas, são, de acordo com o *site* oficial do bloco (Nafta, 2010):

a. eliminar as barreiras ao comércio e facilitar a circulação de bens e serviços entre os territórios das partes;

b. promover as condições de concorrência leal na área de comércio livre;

c. aumentar substancialmente as oportunidades de investimento nos territórios das partes;

d. proporcionar proteção adequada e efetiva dos direitos de propriedade intelectual no território de cada Estado-membro;

e. criar procedimentos eficazes para a implementação e aplicação do presente Acordo, para sua administração conjunta e resolução de litígios;

f. estabelecer um quadro para o reforço da cooperação trilateral, regional e multilateral para expandir e realçar os benefícios deste acordo.

NAFTA

Oceano Ártico

CANADÁ

- Vancouver
- Ottawa
- Montreal
- Rio São Lourenço
- Toronto
- Halifax
- R20
- Chicago
- Detroit
- Boston

EUA

- I10
- Houston
- Atlanta

Oceano Atlântico

- Monterrey
- Golfo do México
- **MÉXICO**
- Guadalajara
- Veracruz
- Cidade do México
- Canal do Panamá

Oceano Pacífico

Legenda
- — Rodovia
- ⚓ Porto
- ✈ Aeroporto
- I10 Interstate 10
- R20 Route 20

Estrutura do Nafta

O Nafta possui uma secretaria que se constitui em uma organização única, cuja função maior consiste em administrar os mecanismos previstos no âmbito do Nafta, com a finalidade de resolver as disputas comerciais entre as indústrias nacionais e/ou governos integrantes do referido bloco econômico, de forma oportuna e imparcial.

O secretariado do Nafta é composto pelas seguintes seções:

- Seção Canadense, localizada em Ottawa;
- Seção Mexicana, localizada na Cidade do México;
- Seção Norte-Americana, localizada em Washington, DC.

As seções nacionais, idênticas entre si, são dirigidas por um secretário nomeado pelo seu respectivo governo (Nafta, 2010).

Nafta e o comércio

Somente os Estados Unidos movimentam mais de US$ 1 trilhão em conjunto com os países-membros do Nafta. As exportações de bens chegam perto de US$ 500 bilhões e as importações perto dos US$ 600 bilhões.

O comércio entre o os integrantes do Nafta é bastante forte, tanto que o Canadá e o México são os países de que mais os Estados Unidos importam; juntos, representam o terceiro maior fornecedor dos Estados Unidos, abrangendo mais de 26% das importações norte-americanas. Os principais produtos exportados pelos Estados Unidos são máquinas e veículos. Por sua vez, os principais produtos adquiridos do Nafta pelos Estados Unidos são combustíveis e veículos (Nafta, 2010).

O Brasil mantém um comércio intenso com o Nafta. As exportações em 2008 chegaram perto dos US$ 33,8 bilhões (FOB) e, em 2009, as cifras das exportações giraram em torno de US$ 20,1 bilhões (FOB). As importações ficaram perto dos US$ 32,1 bilhões (FOB) e dos US$ 24,5 bilhões (FOB) em 2009. Os produtos mais vendidos aos países-membros do Nafta pelo Brasil são petróleo e derivados, aviões, aço, alimentos etc. Os principais produtos adquiridos do Nafta pelo Brasil são máquinas, peças para aviões, aeronaves etc. (Brasil, 2010o).

Logística do Nafta

Os principais pontos de entrada de mercadorias nos países-membros do Nafta são:

Modais marítimo e aéreo canadenses:
» Portos:
  » Na Costa Leste: Portos Halifax, Belledune e Saint John.
  » Na Costa Oeste: Portos de Nanaimo, Prince Rupert e Vancouver.
  » Na região central: Portos de Montreal, Hamilton e Thunder Bay, ambos no Rio São Lourenço (Sea South, 2011).
» Aeroportos:
  » Aeroportos de Toronto, Montreal, Vancouver, Calgary, Ottawa, Halifax, Quebec, entre outros (Air Canada, 2010).

Modais marítimo e aéreo norte-americanos:
» Portos:
  » Na Costa Leste: Portos de Boston, Charleston, Nova Iorque, além de Houston e Louisiana do Sul, no Golfo do México, com acesso ao Oceano Atlântico.
  » Na Costa Oeste: Portos de Long Beach e Los Angeles.
  » No interior do país, na região nordeste, destaca-se o Porto de Chicago (Sea South, 2011).
» Aeroportos:
  » Aeroportos de Memphis, Atlanta, Los Angeles, entre outros (Aeroportos do Mundo, 2011f).

Modais marítimo e aéreo mexicanos:
» Portos:
  » Na Costa Leste, Golfo do México: Portos de Coatzacoalcos, Tampico e Veracruz.
  » Na Costa Oeste: Portos de Manzanillo, Salina Cruz (Index Mundi, 2011).
» Aeroportos:
  » Aeroporto de Cidade do México, Guadalajara e Veracruz, entre outros (Aeroportos do Mundo, 2011e).

Nas seções a seguir, vamos analisar os principais portos e aeroportos dos países-membros do Nafta.

Perguntas & respostas

O Nafta é o maior bloco econômico do mundo?
Não. O maior, atualmente, é a União Europeia.

Portos

Vamos começar nossos estudos pelos portos. Veremos os principais portos de movimentação de mercadorias no Nafta.

⚓ Porto de Boston

Localizado na costa Leste dos Estados Unidos, o Porto de Boston é um dos portos mais modernos e eficientes dos Estados Unidos, por onde passam mais de 1,3 milhão de toneladas de carga geral e 14,3 milhões de toneladas de combustíveis por ano.

Porto de águas profundas, chegando a 45 m de profundidade no terminal de contêineres e também distante 4 milhas náuticas do oceano aberto, o Porto de Boston permite que navios porta-contêiner operem sem restrições de peso.

Partindo de Boston, você pode contar com bons acessos rodoviários para todas as regiões do país pela rodovias interestaduais 81 e 86. Porém, como estamos diante de um país bastante extenso, o transporte rodoviário é utilizado somente para acessar as regiões mais próximas. Os locais mais distantes no interior do país são acessados por vias fluviais e principalmente por ferrovias, o que reduz significantemente os custos com transporte (Massport, 2011).

⚓ Porto de Houston

Localizado no sul dos Estados Unidos, no Estado do Texas, o Porto de Houston está no Golfo do México, por onde passam as cargas com destino ao oeste e centro-oeste do país. A região de Houston concentra um dos maiores centros consumidores do país: são 17 milhões de pessoas que vivem dentro de um raio de 500 km de Houston e cerca de 60 milhões de pessoas que vivem a uma distância de até 1.000 km do porto.

Por 13 anos consecutivos, o Porto de Houston foi considerado o maior porto dos EUA em movimentação de cargas exportadas e já há 18 anos consecutivos é considerado o porto com maior volume de importações. O porto movimenta mais de 225 milhões de toneladas de mercadorias ao ano e mais de 1,8 milhão de TEUs, com um tráfego superior a 8 mil navios ao ano.

As ligações de Houston com o sul dos Estados Unidos são excelentes. Existem conexões rodoviárias, aéreas e ferroviárias por toda a região. Partindo do porto até o centro da cidade de Houston, são aproximadamente 50 km de distância, cerca de 40 minutos de viagem. Para você chegar até a região oeste do país, o acesso é pela Rodovia Interestadual 10, que passa pelos

Estados do Novo México e do Arizona até chegar à Califórnia. A mesma Interestadual 10, no sentido leste, dá acesso à Flórida, passando por Mississípi e Alabama.

A rede ferroviária que sai do Porto de Houston liga todas as regiões do país à referida cidade. A malha ferroviária dos Estados Unidos, assim como a do Canadá, é bastante ampla, ultrapassando os 200 mil km. Vale lembrarmos que a malha ferroviária do Brasil não chega aos 30 mil km (Brasil, 2011d).

⚓ Porto de Montreal

Localizado no Rio São Lourenço, ao Sul do Canadá, o Porto de Montreal é um dos mais importantes portos do país. Além de abastecer a região sul do Canadá, também abastece o norte e nordeste dos Estados Unidos.

Distante a 1.600 km do Oceano Atlântico, o Porto de Montreal interliga mais de 100 países no mundo com rotas regulares, sendo uma excelente opção para transportes para a Europa, para o Mediterrâneo e para os demais portos da América do Norte.

Montreal tem o porto internacional mais próximo do centro industrial norte-americano, atendendo a 100 milhões de consumidores canadenses e norte-americanos. Outra vantagem é que o porto tem capacidade para receber embarcações de grande porte, como alguns navios novos que transportam até 4.100 TEUs.

O volume de cargas que passam pelo porto, anualmente, chega aos 20 milhões de toneladas, entre grãos, granéis sólidos, petróleo e principalmente cargas em contêineres. O Porto de Houston conta com uma grande velocidade de carga e descarga e com uma ótima oferta de linhas (rotas, linhas de tráfego), permitindo que algumas empresas trabalhem em sistema *just in time**.

Os transportes fluviais, rodoviários e ferroviários se interligam, de modo que o trajeto do porto até o destino final seja feito do modo mais eficiente possível

O transporte ferroviário, em especial, é destaque em Montreal. As ferrovias saem do porto, interligando-o com todo o país. Cerca de 60% dos contêineres movimentados em Montreal são transportados pela rede ferroviária.

A Autoridade Portuária de Montreal opera sua própria e eficiente rede ferroviária, com mais de 100 km a partir do cais até a conexão com as duas ferrovias transcontinentais, a Canadian National Railway e a Canadian Pacific Railway. Essa conexão elimina o transbordo de mercadorias e agiliza o processo de entrega.

Partindo-se de trem do Porto de Montreal, o tempo médio de viagem é de 30 horas até Chicago (EUA), 25 horas até Detroit (EUA)

---

* *Just in time*: Método para reduzir a quantidade de estoque de matéria-prima nas indústrias ou de produtos para revenda no comércio. Consiste em adquirir o que será utilizado, mantendo-se somente um estoque mínimo, de segurança.

e 10 horas até Toronto (Canadá), segundo informações da Autoridade Portuária de Montreal. Também há linhas férreas ligando o Porto de Montreal ao Porto de Vancouver, na Costa Oeste do Canadá.

O transporte rodoviário também é eficiente em Montreal, pois o porto está localizado a poucos minutos da rede de autoestradas que dá acesso aos grandes centros da América do Norte. A distância de Montreal a Toronto é de 535 km, percurso realizado em aproximadamente 6 horas de viagem, com acesso pela *Route* 20 e *Free Way* 401 (Port of Montreal, 2011a).

Tabela 1 – As distâncias entre Montreal e vários mercados

Canadá	Quebec	269 km
	Kingston	280 km
	Toronto	536 km
Estados Unidos	Burlington	150 km
	Buffalo	638 km
	Albany	320 km
	Boston	512 km
	Nova Iorque	609 km
	Detroit (por ferrovia)	909 km
	Chicago (por ferrovia)	1.338 km

Fonte: Baseado em Port of Montreal, 2011b.

⚓ Porto de Halifax

Localizado no sudeste do Canadá, é um dos portos mais importantes do Leste do país. Esse porto serviu de base militar na Primeira e na Segunda Guerra Mundial. Esse também é o porto mais movimentado do país, principalmente no inverno, pois suas águas não congelam, o que ocorre nos portos mais ao Norte do país.

A localização estratégica desse porto de águas profundas permite que os navios operem com sua carga máxima. Os mais de 1.500 navios que passam anualmente pelo Porto de Halifax formam a melhor conexão para a Europa, o Mediterrâneo, o Oriente Médio e o Sudeste da Ásia, além da facilidade de acesso ao Oceano Pacífico, passando pelo Canal do Panamá. O Porto de Halifax movimenta anualmente mais de 10 milhões de toneladas de cargas e quase 390 mil TEUs, o que representa cerca de 3,2 milhões de toneladas.

O Porto de Halifax está localizado a 1.450 km da capital do Canadá, Ottawa, percurso que é realizado em aproximadamente 15 horas de viagem, com acesso pela HWY-104 W e posteriormente pela *Route* 2 W e *Route* 185 S/TC/TC N, com a opção de se fazer toda a viagem somente pela

Route 2 W. Seguindo-se a mesma rota da capital, a 1.250 km está Montreal, uma das principais cidades do Canadá e, 500 km à frente, já próxima à fronteira com os Estados Unidos, está Toronto. Se você analisar o mapa desse país, verá que se trata de um país bastante extenso e, em algumas regiões, principalmente do norte, você poderá observar a quantidade de neve no inverno, que comumente bloqueia as estradas.

Outro modal que se destaca no Canadá é o transporte fluvial, pois, devido às dimensões do país, o transporte rodoviário apresenta um custo bastante elevado. Partindo-se de Halifax, é possível transportar-se mercadorias para a Costa Norte do país. Já para o interior, torna-se mais viável utilizar o Porto de Montreal.

Completam a logística do porto a excelente malha ferroviária que cobre todas as regiões do Canadá. Com 80 mil km de ferrovias, as linhas ferroviárias canadenses só são inferiores às dos Estados Unidos e da Rússia. Só para fazermos um comparativo, a malha ferroviária brasileira não chega aos 30 mil km, sendo que o Brasil é o quinto maior país do mundo. Enquanto o Canadá, o segundo maior, tem 9,97 milhões de km^2 de área, o Brasil tem mais de 8,5 milhões de km^2, uma diferença considerada pequena em relação ao tamanho das malhas ferroviárias (Brasil, 2011g).

Porto de Veracruz

O mais antigo e importante porto do México, o Porto de Veracruz fica localizado na região central do país, mais precisamente na cidade de Veracruz, no Estado de Veracruz, no Golfo do México.

Esse porto movimenta mais de 14 milhões de toneladas de mercadorias e 700 milhões de TEUs anualmente. Sua localização privilegiada e boa estrutura logística facilitam a distribuição das mercadorias – navios que partem do Brasil rumo a Veracruz têm acesso direto via Oceano Atlântico, que também serve aos navios oriundos da Europa. Para quem parte da Costa Oeste dos Estados Unidos ou viaja via Oceano Índico, o acesso deve ser realizado pelo Canal do Panamá.

Veracruz também tem acesso rápido à capital do México, Cidade do México, que está localizada na região central do país, a uma distância de pouco mais de 300 km do porto e com tempo de viagem de aproximadamente 5 horas. Seguindo na direção noroeste, você pode chegar a outra importante e conhecida cidade mexicana, Guadalajara, que fica a aproximadamente 770 km de Veracruz e a 550 km da Cidade do México. Outra importante cidade está localizada no nordeste do país, Monterrey, distante 850 km do porto e com tempo de viagem entre 10 e 12 horas.

Outro modal de transporte bastante utilizado é o ferroviário. Duas empresas operam na malha viária, porém os 3 mil km de ferrovias ficam restritos à região centro-sul do país, atendendo principalmente à capital, Cidade do México, Puebla e Tlaxcala. Juntas, as empresas KCSM e Ferrosur trabalham com 370 locomotivas e 6 mil vagões de carga (México, 2010).

Aeroportos

A partir de agora, você irá conhecer um pouco mais sobre os principais aeroportos dos países-membros do Nafta.

✈ Aeroporto de Atlanta

Nome oficial: Hartsfield-Jackson Atlanta International Airport (Aeroporto Internacional de Atlanta)

Código Iata: ATL

Localizado na cidade de Atlanta, Estado da Geórgia, Sudeste dos Estados Unidos, o Aeroporto de Atlanta é o maior aeroporto do mundo. Por ele passam anualmente cerca de 90 milhões de passageiros.

O aeroporto está localizado a 16 km do centro de Atlanta, a menos de 15 minutos de viagem.

O setor de cargas do Aeroporto de Atlanta é composto por 3 terminais e ainda há uma área específica para produtos agrícolas. O referido estabelecimento mantém mais de 1,5 milhão de pés quadrados (135.000 m²) de espaço de movimentação de carga divididos em 3 complexos, Norte, Sul e Médio. Cada complexo, por sua vez, oferece acessos excelentes para as estradas nacionais 75, 85, 285 e 20.

São mais de 200 milhões de pessoas que podem ser atendidas em menos de 2 horas de voo a partir de Atlanta, o que representa 80% do mercado consumidor dos Estados Unidos.

O Estado da Geórgia tem 1.244 km de rodovias interestaduais. Isso faz com que o Aeroporto de Atlanta seja um *hub* na distribuição de mercadorias. Mais de 100 transportadoras operam nesse aeroporto (Hartsfield-Jackson Atlanta Internacional Airport, 2011).

✈ Aeroporto de Montreal

Nome oficial: Montréal Pierre Elliot Trudeau International Airport (Aeroporto de Montreal)
Código Iata: YUL

Localizado a sudeste da cidade de Montreal, o Aeroporto de Montreal acumula mais de 245 mil pousos e decolagens anualmente, passando por ele 12,8 milhões de passageiros.

A localização geográfica do aeroporto é privilegiada, estando a cerca de 15 km do centro de Montreal, com o tempo médio de 20 minutos de viagem. Outra facilidade do aeroporto é que ele está localizado entre as autoestradas *Autoroute* 13 e *Autoroute* 40. A partir dessas duas autoestradas você tem a possibilidade de acessar todos os pontos do Canadá e do norte dos Estados Unidos. As distâncias e os percursos já foram vistos quando tratamos do Porto de Montreal (Aeroportos do Mundo, 2011d).

Australia New Zealand Closer Economic Relations Trade Agreement – Anzcerta (Acordo Comercial sobre Relações Econômicas entre Austrália e Nova Zelândia)

O bloco denominado *Australia New Zealand Closer Economic Relations Trade Agreement – Anzcerta* (Acordo Comercial sobre Relações Econômicas entre Austrália e Nova Zelândia*) foi criado em 1983 com a finalidade de consolidar uma área de livre comércio entre esses dois países. Um ponto em que se destaca o Anzcerta é o acordo de livre comércio na área de serviços, sendo o primeiro do mundo globalizado (Australia, 2011).

Vale destacarmos que o Anzcerta assinou um acordo inicial com a Associação de Nações do Sudeste Asiático (Association of Southeast

---

* Conheça mais detalhes sobre as regras do bloco em: <http://www.customs.gov.au/webdata/resources/files/origin5.pdf>.

Asian Nations – Asean), em 1995, para facilitar os fluxos de comércio e de investimentos entre as duas regiões. Na atualidade, os dois blocos estabeleceram um grupo de trabalho que estuda a possibilidade de criação de uma área de livre comércio reunindo o Anzcerta e o Asean, até 2010 (Brasil, 2010a).

Estrutura do Anzcerta

Aqui não encontraremos aquelas estruturas de conselhos, ministros ou secretaria-geral, pois, como são apenas dois países que compõem o bloco, estamos diante de um acordo bilateral, com a finalidade de formar uma área de livre comércio entre eles.

ANZCERTA

⚓ Porto
✈ Aeroporto

AUSTRÁLIA
Brisbane
Ipswich
Sydney
Camberra
Melbourne

NOVA ZELÂNDIA
Welling

Oceano Índico

O comércio exterior do Anzcerta

Os países-membros do Anzcerta – Austrália e Nova Zelândia – reúnem uma população de 22,5 milhões de pessoas e um PIB de US$ 468,1 bilhões. As exportações do bloco superam os US$ 70 bilhões e o valor das importações gira em torno de mais de US$ 75 bilhões (FOB).

O Brasil exportou para a Austrália, em 2008, US$ 1,25 bilhão (FOB) e importou no mesmo período US$ 1,22 bilhão (FOB) em mercadorias. Já em 2009 houve queda nas transações comerciais – as exportações ficaram próximas dos US$ 500 milhões e as importações abaixo dos US$ 850 milhões. Os principais produtos exportados são aviões, automóveis, tabaco e café. Os principais produtos importados são hulha e derivados de petróleo.

No que diz respeito às relações comerciais com a Nova Zelândia, o valor das exportações, em 2008, foi de US$ 81,1 milhões (FOB) e de US$ 39,8 milhões (FOB) em 2009. As importações, por sua vez, giraram em torno de US$ 77,6 milhões (FOB) em 2008 e de US$ 52,1 milhões (FOB) em 2009. Os principais produtos exportados do Brasil para a Nova Zelândia são suco de laranja e café. Os principais produtos importados da Nova Zelândia são laminados de ferro e aço e peças de automóveis (Brasil, 2011h, 2011m).

Principais entradas de mercadorias do Anzcerta

Conheça na seção seguinte os principais pontos de recebimento e escoamento dos produtos que transitam pelo Anzcerta, a estrutura desses pontos, suas vantagens e particularidades.

Portos do Anzcerta

A principal forma de entrada de mercadorias do Anzcerta é feita pelos portos da Austrália, que são vários, tais como Adelaide, Brisbane, Sydney, Redland, Geelong, Melbourne, Port Alma, Port Kembla e Townsville. Entre eles, destacam-se o Porto de Brisbane e o de Sydney. Em relação aos aeroportos australianos, são dignos de nota os aeroportos de Sydney e Melbourne.

Já na Nova Zelândia, encontramos vários portos importantes, como Auckland, Lyttelton, Napier, Nelson, New Plymouth, Port Chalmers, Tauranga, Timaru, Wellington, destacando-se o porto da capital Wellington. Os principais aeroportos são os de Auckland, Christ Church, Queenstown, Dunedin e o mais importante, o Aeroporto de Wellington.

Primeiramente, conheceremos os principais portos dos dois países e, em seguida, os aeroportos do seu respectivo bloco econômico.

⚓ Porto de Brisbane

Localizado na foz do Rio Brisbane, cidade de Brisbane, Estado de Queensland, é o maior porto da Austrália em movimentação de carga geral. As instalações portuárias se estendem por cerca de 15 km no Rio Brisbane, onde se localizam cais para mercadorias a granel e carga geral, além de um terminal para cruzeiros e um estaleiro. O porto, incluindo o canal de acesso, tem um calado mínimo de 15 m, com dragagem permanente.

Anualmente, circulam em Brisbane mais de 2.600 navios e mais de 30 milhões de toneladas de mercadorias são movimentadas.

O porto tem ótimas ligações rodoviárias com o norte, sul e oeste do país, inclusive com a Rodovia Nova Inglaterra, que interliga o Porto de Brisbane com o Porto de Sydney e dá acesso aos principais centros regionais de comércio.

As rodovias Bruce e Burnett ligam o porto a cidades da região de Queensland e suas vastas áreas agrícolas e mineradoras.

Há ainda acessos às principais autoestradas do país, ligando Brisbane às principais regiões, onde existem as maiores áreas de crescimento regional, como Toowoomba e Sunshine Coast.

O transporte ferroviário também tem destaque em Brisbane. O sistema interliga o porto ao terminal intermodal em ferrovia dupla e ainda permite a circulação de cargas pelo interior do país (Port of Brisbane, 2011).

⚓ Porto de Sydney

Esse complexo portuário localizado no Sudeste da Austrália é um excelente acesso para os navios que partem do Brasil e trafegam pelo Oceano Índico. O complexo é formado por Sydney Harbour, Porto Botânica, Glebe Island e White Bay, Enfield e Cooks River.

Vale lembrarmos que Sydney não é a capital australiana, que, no caso, é Camberra, mas sim uma das cidades mais importantes e conhecidas da Austrália, estando localizada a 290 km da capital australiana, com acesso pela Rodovia *South Western* 31 em aproximadamente 3 horas e 30 minutos de viagem. Observe a seguir um detalhamento do complexo do Porto de Sydney.

» Sydney Harbour: O cais comercial fica localizado a menos de 10 km das vias navegáveis, o que facilita as operações de cabotagem. Possui 15 berços de atracagem para granéis sólidos e líquidos, cargas gerais e automóveis. Também é um dos principais destinos para cruzeiros, sendo o único porto do país com dois terminais dedicados a cruzeiros.

» Porto Botânica: Localizado a 12 km de Sydney, esse porto tem ótimo acesso por vias rodoviária e ferroviária. Porto Botânica possui 2 terminais contentores com 6 berços e mais 1 berço para granéis líquidos. Suas instalações representam 70% do complexo dos portos de Sydney.

» Glebe Island e White Bay: É fundamental para o transporte logístico, pois está estrategicamente posicionado na área metropolitana de Sydney, o que facilita o transporte de cargas entre o mar e a terra. O terminal conta com 9 berços de atracagem e, além de armazenar, faz a distribuição de produtos importados (veículos e mercadorias a granel).

» Enfield: É uma área de 60 ha que se encontra localizada a 18 km de uma linha dedicada a transportes ferroviários do Porto Botânica. A área é próxima dos mercados da região de Sydney e de sua bacia hidrográfica, ligadas por várias vias a uma via dedicada ao Porto Botânica, com capacidade para transportar 300 mil TEUs por ano. A meta até 2011 é transportar 40% dos contêineres do Botânica pela via férrea.

» Cooks River: Trata-se de um pátio localizado ao lado da linha de transporte ferroviário que liga Porto Botânica a Enfield, via Junção Marrickville, a aproximadamente 7 km do porto. A pretensão é que seu uso continue a favorecer o fornecimento de um sistema integrado de transporte terrestre e que também contribua para a meta de transportar 40% dos contêineres pela via férrea (Sydney Ports, 2011).

⚓ Porto de Wellington

O CentrePort Wellington localiza-se no centro geográfico da Nova Zelândia, no eixo entre a Tasmânia e o Oceano Pacífico. É um porto de águas profundas e com acesso às Costas Leste e Oeste do país.

A estrutura portuária inclui instalações para cargas a granel secas e líquidas, produtos químicos, petróleo e produtos florestais. Inclui ainda armazéns e reparação de contêineres e um terminal para cruzeiro marítimo.

O porto conta com um excelente acesso à principal rodovia do país, a Rodovia *Western* 01, que dá acesso à região noroeste da Nova Zelândia. Logo que sai de Wellington, essa rodovia se divide, formando a Rodovia 02, que dá acesso à região central, norte e leste da ilha.

Outra vantagem do porto é que ele está próximo ao principal entroncamento ferroviário da Nova Zelândia, o que permite que as mercadorias viagem para todas as regiões do país por meio do modal ferroviário.

Completa a estrutura logística do porto a navegação costeira, realizando a distribuição de mercadorias por cabotagem, através de balsas que se localizam dentro próprio porto (CentrePort Wellington, 2011).

Aeroportos do Anzcerta

No transporte aéreo, as principais entradas de mercadorias na Austrália se dão pelos aeroportos de Sydney e Melbourne, que atendem principalmente à região sul do país. Na Nova Zelândia, por sua vez, destaca-se o Aeroporto de Wellington como referência do modal de transporte aéreo. Veja a seguir uma explanação a respeito dos aeroportos que atendem aos países-membros do Anzcerta.

✈ Aeroporto de Sydney

Nome oficial: Kingsford Smith International Airport (Aeroporto Internacional de Sydney)
Código Iata: SYD

O Aeroporto de Sydney é o mais importante da Austrália. Segundo informações do operador aeroportuário do estabelecimento (Sydney Airport Corporation Ltd. – SACL: órgão operador aeroportuário, semelhante à Infraero e à SBMG, de Maringá, Paraná), por esse aeroporto circula metade de toda a carga aérea do país e cerca de 30 milhões de passageiros todos os anos e nele se empregam mais de 150 mil pessoas.

O Aeroporto de Sidney está localizado a aproximadamente 15 km do centro de Sydney, trajeto que pode ser feito em 30 minutos. Isso facilita o transporte de mercadorias ao centro de uma das cidades mais importantes da Austrália. A partir de Sydney, você pode acessar todas as regiões da Austrália pelas rodovias e ferrovias do país (Aeroportos do Mundo, 2011b; SydneyAirport, 2011).

✈ Aeroporto de Melbourne

Nome oficial: Melbourne International Airport (Aeroporto Internacional de Melbourne)
Código Iata: MEL

Localizado no sul da Austrália, o Aeroporto de Melbourne é um importante terminal de cargas do sul do país. Está localizado a aproximadamente 20 minutos do centro da cidade, com facilidade de acesso a toda a região à qual atende.

Segundo informações do operador aeroportuário (Australia Pacific Airports Corporation Limited – Apac), circulam por esse aeroporto mais de 24 milhões de pessoas todos os anos e mais de 150 mil aeronaves (Aeroportos do Mundo, 2011a).

✈ Aeroporto de Wellington

Nome oficial: Wellington International Airport (Aeroporto Internacional de Welligton)
Código Iata: WLG

Localizado no sudeste da cidade de Wellington, o aeroporto está a 10 km do centro da capital da Nova Zelândia. O percurso é realizado em aproximadamente 20 minutos.

A partir de Wellington, você tem acesso a todas as regiões do país, tanto pelas rodovias quanto pelas ferrovias. Completam a facilidade de deslocamento pelo país diversas conexões que podem ser realizadas no Aeroporto de Wellington (Aeroportos do Mundo, 2011c).

Com todas essas elaboradas análises que promovemos, concluímos nossos estudos sobre esses proeminentes blocos do cenário econômico mundial (União Europeia, Efta, Nafta e Anzcerta). Com essas informações, você já possui uma noção maior sobre os principais países que compõem os blocos descritos, bem como sobre os principais destinos das mercadorias que circulam nos seus respectivos continentes, além de conhecer a localização geográfica dos portos e aeroportos dos países elencados, conhecimento de extrema importância caso você tenha o objetivo de realizar transações internacionais.

Asia-Pacific Economic Cooperation – Apec (Cooperação Econômica da Ásia e do Pacífico)

O bloco denominado *Asia-Pacific Economic Cooperation* – Apec (Cooperação Econômica da Ásia e do Pacífico) foi criado em 1989 com o objetivo de apoiar o desenvolvimento econômico e sustentável e a prosperidade na região abrangida pelo acordo. A comunidade vem trabalhando para harmonizar e dinamizar o bloco, aberto ao comércio e ao investimento. Além disso, a Apec promove a integração econômica regional, com incentivos à cooperação técnica e econômica em um ambiente favorável e sustentável.

Fazem parte da Apec 21 países, quais sejam:

- » Austrália;
- » Brunei Darussalam;
- » Canadá;
- » Chile;
- » China;
- » Cingapura;
- » Coreia do Sul;
- » Estados Unidos;
- » Filipinas;
- » Hong Kong*;
- » Indonésia;
- » Japão;
- » Malásia;
- » México;
- » Nova Zelândia;
- » Papua-Nova Guiné;
- » Peru;
- » Rússia;
- » Tailândia;
- » Taiwan;
- » Vietnã.

Desde a criação da Apec, o comércio interno do bloco cresceu 395% e o PIB dos países integrantes triplicou, ao passo que no resto do mundo o PIB, no máximo, dobrou (Apec, 2011b).

Estrutura da Apec

A Apec funciona como uma cooperativa multilateral, com foco econômico e comercial. Todos os membros possuem pesos iguais nos diálogos e nas tomadas de decisões.

O organograma da Apec é formado no nível político por uma presidência anual, conselhos ministeriais e altos funcionários. O nível de trabalho que completa o organograma são a Comissão de Investimento, os Comitês de Orçamento e Gerenciamento e o Comitê Econômico. Existem ainda grupos de trabalhos e de tarefas.

Entre o nível político e de trabalho, está a Secretaria da Apec, com base em Cingapura, cuja função maior consiste em prestar apoio fundamental aos processos do referido bloco. A Secretaria presta trabalhos de coordenação, apoio técnico e consultivo, gestão da informação e comunicações(Apec, 2011a).

---

* Hong Kong é uma RAE – Região Administrativa Especial, que pertence a China, com o conceito de "um país, dois sistemas". Ou seja, Hong Kong tem o sistema econômico capitalista mesmo estando dentro da China, que é comunista. A RAE também conta com os sistemas administrativo, judicial, de aduanas e fronteiras externas independentes (YEUNG, 2013; TELLA, 2013).

APEC

Oceano Ártico

CANADÁ

EUA

Oceano Atlântico

MÉXICO

PERU

Oceano Pacífico

CHILE

⚓ Porto
✈ Aeroporto

Oceano Ártico

RÚSSIA

Rio Yang-Tsé-Kiang

CHINA

Pequim
Tianjin
Xangai

JAPÃO
COREIA DO SUL

TAIWAN
HONG KONG

TAILÂNDIA
VIETNÃ
FILIPINAS
BRUNEI
CINGAPURA
MALÁSIA
INDONÉSIA
PAPUA-NOVA GUINÉ

Canal Suez

Cabo da Esperança

Oceano Índico

Oceano Pacífico

AUSTRÁLIA

NOVA ZELÂNDIA

Apec e o comércio

Estima-se que a Apec deva se tornar o maior e mais importante bloco econômico do mundo, pois seus países-membros respondem a aproximadamente 50% da produção mundial e também quase 50% do comércio do planeta.

Para comprovar esses dados, basta observarmos alguns países que fazem parte da Apec, tais como China, Hong Kong e Estados Unidos.

As barreiras comerciais entre os países-membros da Apec caíram de 16,9%, em 2004, para os atuais 5,5%. Essa redução representa mais 70% de queda. Como consequência dessa queda, o comércio interno do bloco cresceu a uma razão de 8,5% ao ano, chegando próximo aos US$ 9 trilhões.

Da mesma forma, o comércio com o restante do mundo vem crescendo a uma razão de 8,3% ao ano, ultrapassando os US$ 17 trilhões, segundo as estimativas. (Apec, 2011a).

Os produtos comercializados entre o Brasil e os membros da Apec são bastante diversificados, destacando-se a área dos eletroeletrônicos, mais especificamente no que se refere aos produtos para informática, vindos da China, da Malásia e de Cingapura. O Brasil exporta, principalmente, alimentos, minério de ferro e derivados de petróleo (Brasil, 2011j, 2011s).

Perguntas & respostas

O Brasil também exporta para países da Apec ou somente importa?
O Brasil exporta diversos produtos, principalmente alimentos, minério de ferro e petróleo.

Principais pontos logísticos da Apec

Por se tratar de um bloco de grandes dimensões e por envolver vários continentes, existe uma variedade de portos e aeroportos que movimentam as cargas que transitam entre os países. Cabe a você conhecer a melhor localização e os pontos mais importantes para as operações logísticas.

A partir de agora, vamos conhecer os principais portos e aeroportos da Apec e suas ligações com os grandes centros comerciais do cenário econômico internacional. Iremos nos concentrar nos principais países que compõem a Apec.

Portos da Apec

Observe nas seções a seguir uma explanação detalhada dos portos que alimentam os países integrantes da Apec, que hoje conta com alguns dos considerados maiores portos do mundo, vantagem imprescindível para a consolidação e o crescimento de qualquer bloco econômico.

Para saber mais

MSIa – Movimento de Solidariedade Ibero-Americana. Ferrovia transasiática, sinergia para o progresso coletivo. Disponível em: <http://www.msia.org.br/assuntos-asuntos-estrategicos/817.html>. Acesso em: 6 abr. 2011.

Trata-se de uma leitura interessante sobre o acordo intergovernamental sobre a Rede Ferroviária Transasiática e suas providências.

⚓ Porto de Xangai

O maior porto da China é o Porto de Xangai, atualmente considerado o segundo maior do mundo. Localizado na foz do Rio Yang-Tsé-Kiang, no leste da China, é o principal porto da rede fluvial T-shaped, composta pelo Rio Yang-Tsé-Kiang e o litoral chinês, abrangendo uma das mais importantes rotas do país para o comércio internacional.

O Porto de Xangai é o terceiro maior do mundo em movimentação de contêineres, superando os 28 milhões de TEUs. Em valores, representa 1/4 do comércio exterior da China.

A frequência de linhas marítimas interliga Xangai aos principais portos do mundo. São mais de 2 mil embarcações porta-contêiner todos os meses que partem com destino às diversas regiões do mundo.

A partir do porto, você tem acesso às vias navegáveis pelo Vale do Rio Yang-Tsé-Kiang, com destino ao interior do país, seguindo para as regiões de Jiangsu, Sichuan, Zhejiang e províncias de Anhui Expressway etc.

O Porto de Xangai está a quase 1.300 km da capital chinesa, Pequim, com um tempo médio de viagem de 16 horas. Para facilitar o acesso de mercadorias à capital, pode-se utilizar o Porto de Tianjin, que fica a 168 km de Pequim; porém, esse porto apresenta restrições de entrada, devido à maré e ao gelo.

O governo chinês vem ampliando a cada ano o sistema rodoviário do país. A rede principal de estradas chega aos 35 mil km, que interligam as 661 cidades do país. As 12 rodovias principais ligam Pequim às capitais provinciais e às zonas econômicas especiais. Já as estradas principais 5 (Norte-Sul) e 7 (Leste-Oeste) atendem às áeras de fronteiras com a Rússia e a Mongólia, além de ligar o interior do Oeste do país ao Leste, que é a parte mais desenvolvida da China (Shangai Internacional Port Group Co., Ltd., 2011)

⚓ Porto de Hong Kong

Estrategicamente localizado no Sudeste da Ásia, o Porto de Hong Kong é um dos maiores portos do mundo e consiste em uma das principais entradas de mercadorias para o Sudeste Asiático. O porto está localizado de frente para o Oceano Pacífico, facilitando a navegação rumo à América. Esse porto também é bastante propício para as embarcações que seguem rumo à Europa, as quais, após acessarem o Oceano Índico, seguem via Canal de Suez, evitando o contorno da África do Sul, pelo Cabo da Boa Esperança. No caso de acesso ao leste da América do Sul, a viagem poderá ser feita pelo Oceano Índico, passando pelo Cabo da Boa Esperança e alcançando o Oceano Atlântico.

O Porto de Hong Kong possui 9 terminais de contêineres, com 24 berços de atracagem e quase 7.800 m de extensão em águas profundas. Juntos, os 9 terminais de contêineres têm capacidade para movimentar 19 milhões de TEUs.

Outro aspecto importante do porto é a eficiência no embarque e desembarque de mercadorias. O tempo médio de operações em navios convencionais é de 13 horas.

O acesso terrestre ao porto é realizado por meio de um sistema integrado de rodovias. Mas o principal meio de transporte a partir do Porto de Hong Kong é o fluvial. Esse porto serve como entreposto, onde os grandes navios transoceânicos descarregam suas mercadorias e, posteriormente, navios menores fazem a distribuição por todo o Sudeste da Ásia e pela Oceania (Marine Department, 2011).

⚓ Porto de Cingapura

Localizado no sul do país e em uma região onde se cruzam várias rotas marítimas internacionais, o Porto de Cingapura está entre os maiores portos do mundo. Sua posição privilegiada fez com que o porto se tornasse um *hub* do transporte marítimo na região.

Por esse porto circulam todos os anos mais de 130 mil navios e são movimentados cerca de 30 milhões de TEUs e mais de 1,5 bilhão de toneladas brutas de cargas.

O administrador e operador portuário é a Autoridade Marítima e Portuária de Cingapura (The Maritime and Port Authority of Singapore – MPA), que também é responsável pelo uso seguro e eficaz do espaço do porto, que compreende a parte terrestre, marítima e o cais. Embora o porto possa receber grandes embarcações, a MPA está trabalhando constantemente para o aumento de cargas e de meganavios, aprofundando os canais e os *fairways** e desenvolvendo a próxima geração de terminais.

Dada sua posição geográfica em concorrido estreito marítimo, por onde passa um quarto do comércio mundial, entre o Canal de Suez e as grandes economias orientais do Pacífico, Cingapura representa para o Brasil um excelente centro redistribuidor para o Sudeste Asiático, a China e a Índia.

As relações comerciais entre Brasil e Cingapura geram cifras que chamam a atenção, pois, em 2008, o Brasil exportou para o referido país mais de US$ 2,1 bilhões (FOB) e, em 2009, US$ 1,29 bilhão (FOB). As importações foram de 1,7 bilhão(FOB) em 2008 e de US$ 658,7 milhões (FOB) em 2009.

Cingapura é o quarto maior parceiro comercial e destino das exportações brasileiras na Ásia, sendo antecedido pela China, pelo Japão e pela Coreia. As exportações brasileiras para Cingapura superam aquelas para Hong Kong, Uruguai e Índia, por exemplo, ao passo que o valor da corrente de comércio bilateral é de ordem semelhante ao daqueles com Colômbia e África do Sul.

Os produtos que chegam ao Porto de Cingapura são distribuídos por todo o Sudeste Asiático, China e Índia, através de transporte de cabotagens. O transporte para o interior do país é feito por modal rodoviário; partindo-se do porto, chega-se ao centro da Cidade de Cingapura, capital do país, em aproximadamente 15 minutos, podendo-se utilizar a Rodovia Henderson ou a *East Coast Parkway*, ou mesmo ao norte da ilha, em aproximadamente 30 minutos, pela Rodovia Central Expressway (Global 21, 2011a).

---

* Caso você queira se inteirar do significado do termo destacado, veja o Apêndice *Modelo de porto* desta obra.

Aeroportos da Apec

A partir de agora vamos conhecer os principais aeroportos da Apec, considerando a movimentação de cargas e a localização, bem como as rotas de distribuição de mercadorias.

✈ Aeroporto de Hong Kong

Nome oficial: Hong Kong International Airport – HKIA (Aeroporto Internacional de Hong Kong)
Código Iata: HKG

O Aeroporto de Hong Kong tem uma excelente localização no globo. É o quarto maior aeroporto do mundo em volume de passageiros e o mais movimentado aeroporto de cargas do mundo, segundo a autoridade aeroportuária.

Circulam pelo HKG mais de 48,5 milhões de pessoas por ano, com cerca de 750 pousos e decolagens ao dia, ligando Hong Kong a 150 destinos no mundo e a 40 cidades chinesas.

O volume de cargas no HKG chegou aos 3,4 milhões de toneladas em 2009. O transporte aéreo representou, nesse mesmo ano, 35,3% do valor total do comércio exterior, perfazendo um montante de US$ 1,821 bilhão.

Completa a estrutura do aeroporto uma série de rodovias estruturadas e interligadas. Saindo do HKG, o acesso é feito pela Autovia 08, que logo se encontra com as vias 03, 05 e 08, cobrindo todo o território de Hong Kong (Hong Kong International Airport, 2011).

✈ Aeroporto de Pequim

Nome oficial: Beijing Capital Internacional Airport (Aeroporto Internacional de Pequim)
Código Iata: PEK

Localizado no nordeste de Pequim, o maior aeroporto do país está a 26 km do centro da capital chinesa, que pode ser alcançada em 30 minutos.

O Aeroporto de Pequim foi ampliado para atender às Olimpíadas sediadas na China. São 3 terminais que, juntos, têm capacidade para atender a 62 milhões de passageiros ao ano. O volume de cargas no aeroporto é da importância de 1,2 milhão de toneladas ao ano.

A localização geográfica do aeroporto contribui para esses números, pois a partir desse estabelecimento é possível acessar todas as regiões do país pelas rodovias, que formam uma teia a partir de Pequim (Beijing Capital International Airport, 2011).

✈ Aeroporto de Cingapura

Nome oficial: Changi Airport Singapore
(Aeroporto Internacional Cingapura)
Código Iata: SIN

Localizado a nordeste do centro da Cidade de Cingapura, em Changi, esse aeroporto é conhecido como um dos maiores do mundo. Por ele passam mais de 70 milhões de passageiros por ano, operando como um *hub* da aviação da região Ásia-Pacífico, atendendo a 200 cidades em 60 países.

Em relação à movimentação de cargas aéreas, o Aeroporto de Cingapura também é considerado um dos maiores do mundo, movimentando mais de 1,9 milhão de toneladas ao ano, sendo que metade desse volume é de transbordo, já que o aeroporto também é um *hub* para o setor de cargas da região.

A localização geográfica dinamiza a distribuição das cargas. O aeroporto está localizado a 20 km do centro da capital do país, Cidade de Cingapura, com acesso pela *East Coast Parkway*, que também dá acesso ao Porto de Cingapura. Para a região norte de Cingapura, o acesso se dá pelas vias *Tampines Expressway* e *Seletar Expressway*, em aproximadamente 35 minutos de viagem. Seguindo em frente, em mais alguns minutos, você já alcança o sul da Malásia, na região de Johor Baharu. A região oeste e oposta ao aeroporto pode ser alcançada em torno de 40 minutos (Changi Airport Singapore, 2011).

Association of Southeast Asian Nations – Asean (Associação de Nações do Sudeste Asiático)

A chamada *Association of Southeast Asian Nations* (Associação de Nações do Sudeste Asiático) foi criada em 1967, com a Declaração da Asean, assinada em Bangcok, Tailândia. Atualmente, 10 países fazem parte da Asean, sendo eles os seguintes (Asean, 2011a):

» Brunei Darussalam;
» Camboja;
» Indonésia;
» Laos;
» Malásia;
» Mianmar;
» Filipinas;
» Cingapura;
» Tailândia;
» Vietnã.

ASEAN

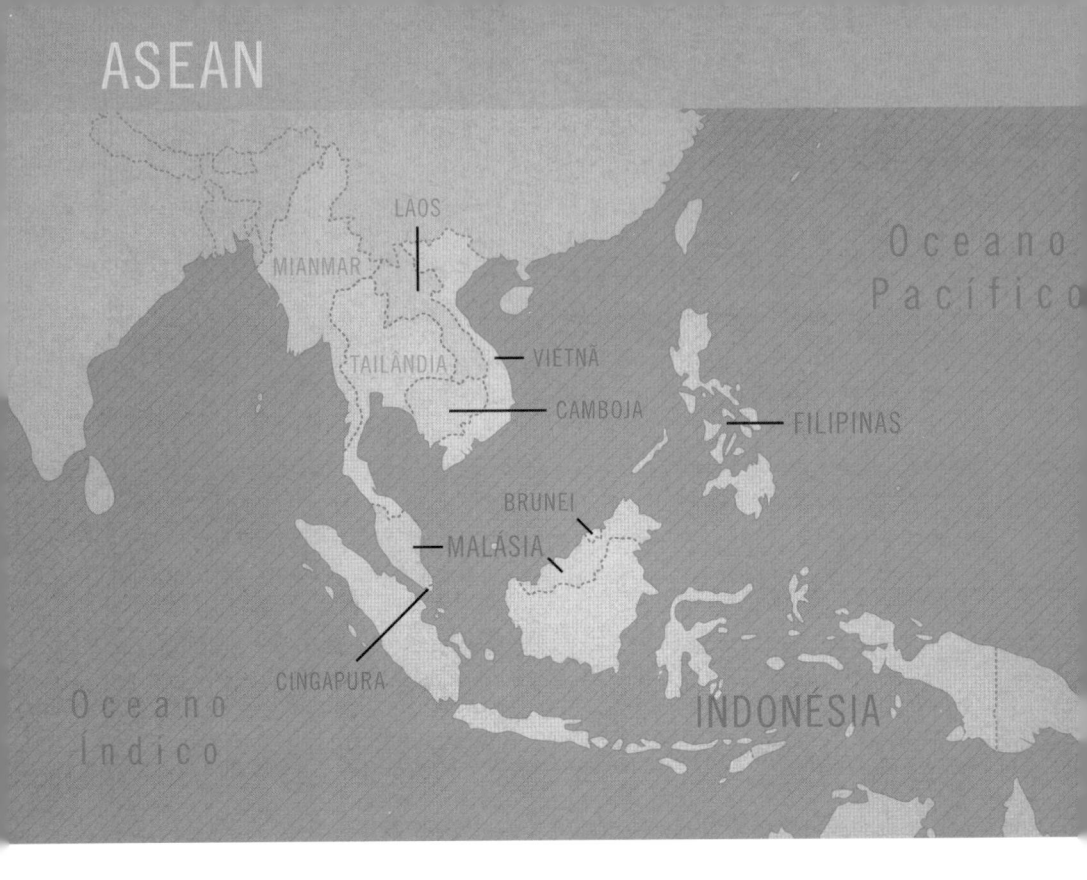

[Mapa do Sudeste Asiático com destaque para os países membros da ASEAN: Mianmar, Laos, Tailândia, Vietnã, Camboja, Filipinas, Malásia, Brunei, Cingapura e Indonésia.]

O bloco atende aos princípios fundamentais previstos no Tratado de Amizade e Cooperação no Sudeste da Ásia, assinado em 1976 (Asean, 2011c):

» o respeito mútuo pela independência, soberania, igualdade, integridade territorial e identidade nacional de todas as nações integrantes;
» o direito de cada Estado de conduzir a sua existência nacional, livre de interferências externas, subversão ou coerção;
» não intervenção nos assuntos internos de outro Estado;
» resolução de conflitos de forma pacífica;
» renúncia à ameaça ou uso da força;
» a cooperação efetiva entre si.

Assim como estabelecido na Declaração da Asean, os objetivos e finalidades do bloco são os seguintes (Asean, 2011b):

» acelerar o crescimento econômico, o progresso social e o desenvolvimento cultural na região por meio de esforços conjuntos no espírito de igualdade e de parceria, a fim de reforçar as bases de uma comunidade próspera e pacífica das nações do Sudeste Asiático;
» promover a paz e a estabilidade regional, através do respeito pela justiça e ao Estado de direito nas relações entre os países da região e a adesão aos princípios da Carta das Nações Unidas;
» promover a colaboração ativa e de assistência mútua em questões de interesse

comum nos domínios econômico, social, cultural, técnico, científico e administrativo;
» prestar assistência uns aos outros sob a forma de formação e treinamentos nas áreas educacional, profissional, técnica e administrativa;
» colaborar de forma mais eficaz para a maior utilização e expansão da agricultura e da indústria, incluindo estudos dos problemas do comércio internacional de *commodities**, a melhoria das suas instalações de transportes e comunicações e a melhoria da qualidade de vida de seus povos;
» promover estudos sobre o Sudeste Asiático;
» manter uma cooperação estreita e proveitosa com as organizações internacionais e regionais, com objetivos e propósitos semelhantes e explorar todas as possibilidades para uma cooperação mais estreita entre os membros do bloco econômico.

* *Commodities*: Mercadoria ou bem econômico. Termo utilizado para o comércio de produtos primários, como soja, milho, café, gado etc., ou para produtos com pequeno grau de industrialização. Embora sejam produtos primários, são negociados mundialmente e têm grande importância econômica. Boa parte da comercialização e a cotação desses produtos são realizadas nas bolsas de valores.

Estrutura da Asean

A Comunidade da Asean é composta por três pilares, cada qual com seu próprio plano de ação:

» Político: Comunidade de Segurança da Asean (Asean Security Community).
» Econômico: Comunidade Econômica da Asean.
» Sociocultural: Comunidade Asean Sociocultural.

A Asean possui uma secretaria com o objetivo de dar maior eficiência à coordenação dos órgãos e conferir uma maior eficiência às atividades e aos projetos do bloco (Asean, 2011a).

Perguntas & respostas

Qual a relação entre a Anzcerta e a Asean?
Os dois países assinaram um acordo para facilitar o fluxo de comércio e investimentos. Há um grupo de trabalho que estuda a possibilidade de criação de uma área de livre comércio entre Anzcerta e Asean.

A Asean e o comércio internacional

Os países-membros da Asean movimentam um grande volume de mercadorias. Não iremos nos prender aos dados relativos ao comércio exterior, pois, como vimos anteriormente, a maioria dos Estados integrantes da Asean também participam de outros grupos, como Anzcerta e Apec. Por esse fato, não iremos estudar sobre os portos e aeroportos da região, pois essa análise pode ser encontrada nos estudos a respeito da Anzcerta, nos quais citamos os principais pontos de entrada de mercadorias na Austrália e na Nova Zelândia, bem como nos estudos sobre a Apec e o Nafta.

Southern African Development Community – SADC (Comunidade para o Desenvolvimento da África Austral)

A Southern African Development Community – SADC (Comunidade para o Desenvolvimento da África Austral) teve seus primeiros passos para formação em 1980. Atualmente é constituída pelos seguintes países-membros (SADC, 2011):

- » Angola;
- » Botsuana;
- » República Democrática do Congo (RDC);
- » Lesoto;
- » Madagascar;
- » Malauí;
- » Maurício;
- » Moçambique;
- » Namíbia;
- » Seychelles;
- » África do Sul;
- » Suazilândia;
- » Tanzânia;
- » Zâmbia;
- » Zimbábue.

A pretensão é criar, em médio prazo, um mercado comum nos moldes da União Europeia.

SADC

Legenda:
- ⚓ Porto
- ✈ Aeroporto

- REPÚBLICA DEMOCRÁTICA DO CONGO
- TANZÂNIA
- ANGOLA
- ZÂMBIA
- MALAUÍ
- ZIMBÁBUE
- MOÇAMBIQUE
- BOTSUANA
- NAMÍBIA
- SUAZILÂNDIA
- ÁFRICA DO SUL
- LESOTO
- SEYCHELLES
- MAURÍCIO
- MADAGASCAR

Cidades/Portos/Aeroportos:
- Pretória ✈
- Johannesburgo
- Baía Richards ⚓
- Durban ✈⚓
- Saldanha ⚓
- Cidade do Cabo ✈⚓
- Porto Elizabeth ⚓
- East London ⚓

Oceano Índico

Objetivos da SADC

A SADC foi criada com quatro objetivos principais:

Reduzir a dependência dos Estados-Membros, bem como, mas não só, o *apartheid* na África do Sul;
Implementar programas e projetos com impacto nacional e regional;
Mobilizar os recursos dos Estados, na busca da autossuficiência coletiva; e
Garantir a compreensão e apoio internacional.
(SADC, 2011)

A SADC criou, e mantém, um programa de ação em vários setores, conforme consta em seu *site* oficial (SADC, 2011):

[...] Energia, Turismo, Ambiente e Ordenamento do Território, Água, Mineração, Emprego e do Trabalho, Cultura, Informação e Desporto e Transportes e Comunicações.

Estrutura da SADC

A cúpula da SADC é composta pelos chefes de Estado ou de governo dos países integrantes do bloco sul-africano, sendo responsável pelo controle da comunidade e pela política geral.

Abaixo da cúpula temos os órgãos e instituições do bloco econômico sul-africano, quais sejam:

» Órgão de Política, Defesa e Segurança: Como o próprio nome já diz, esse órgão é responsável pela política, defesa e segurança do bloco.
» Tribunal da SADC: Tem por finalidade assegurar o cumprimento e a correta interpretação do Tratado da SADC e decidir sobre os litígios no bloco.
» Conselho de Ministros: Entre outras funções, supervisiona o funcionamento e o desenvolvimento da SADC, assegurando que as políticas sejam executadas.
» Comissão Permanente de Altos Funcionários: Com um comitê de assessoria técnica ao conselho de Ministros, serve de câmara de compensação para a agenda do conselho, além de fazer a ligação entre os demais órgãos.
» Secretariado da SADC: É o principal órgão executivo, responsável pelo planejamento e gestão dos programas da SADC, além de implementar as decisões dos órgãos políticos (SADC, 2011).

A SADC e o comércio internacional com o Brasil

Dentre os países-membros da SADC, o que mantém maior volume de comércio com o Brasil é a África do Sul. As exportações brasileiras ao bloco chegam à casa dos US$ 2,88 bilhões (FOB) e as importações ficam próximas dos US$ 5,9 bilhões (FOB). Os principais produtos exportados pelo Brasil são carnes de aves, açúcar e carros. Quanto às importações, os principais produtos originários da SADC são hulha, motores e minerais (Brasil, 2011i, 2011r).

Logística da SADC

A partir de agora vamos conhecer um pouco da logística da SADC, estudando a África do Sul, que é o maior país-membro desse bloco.

Rodovias

A África do Sul possui mais de 750 mil km de rodovias; cerca de 57 mil km são asfaltados e 2.400 km são de autoestradas pedagiadas. Partindo da capital legislativa do país, Cidade do Cabo, pela Rodovia N1, após uma viagem de 1.500 km e aproximadamente 19 horas no sentido nordeste, chega-se a Pretória, capital executiva, onde se encontra o governo da África do Sul. Essa rota passa pela cidade de Johannesburgo, o centro comercial do país. Outra importante rodovia do país é a N3, que liga a cidade de Durban, a segunda maior da África do Sul, no Sudeste, com a região de Johannesburgo, distante 570 km, no noroeste, com tempo de viagem de 6 horas (Brasil, 2011b).

Portos

Os principais portos da África do Sul são Durban, Baía Richards, East London, Porto Elizabeth, Saldanha e Cidade do Cabo. Os portos são controlados pela South American National Ports Authority.

As principais linhas de navegação mundial passam ao longo da costa africana, pelos Oceanos Atlântico e Índico. Essa é a rota dos navios que partem do Sudeste Asiático com destino à Europa e à América, passando pela região do Cabo da Boa Esperança, no extremo Sul africano, com destaque para o Porto de Durban (SouthAfrica.info, 2010b):

> Durban é o porto com maior tráfego em toda a África e que tem maior capacidade para receber contentores na África austral, ao passo que Richard's Bay é o maior terminal de carvão a granel do mundo. Juntos, os portos da África do Sul representam um movimento de 183 milhões de toneladas de carga em 2007 e estão a ser feitas melhorias para aumentar ainda mais a capacidade de movimentação.

Aeroportos

Entre os 10 principais aeroportos da África do Sul, circulam perto de 33 milhões de passageiros anualmente, com 230 mil aterrissagens por ano por mais de 50 companhias aéreas nacionais e internacionais. O país possui 3 aeroportos internacionais, localizados na Cidade do Cabo, em Durban e Johannesburgo.

✈ Aeroporto de Johannesburgo

> Nome oficial: Oliver Reginald Tambo International Airport (Aeroporto Internacional OR Tambo de Johannesburgo)
> Código Iata: JNB

O Aeroporto de Johannesburgo conta com o maior tráfego aéreo da África do Sul, circulando por ele 23 milhões de passageiros anualmente. O aeroporto está localizado no nordeste da cidade, distante 24 km do centro. O acesso à capital administrativa da África do Sul, Pretória, é feito pela Rodovia R21, em cerca de 40 minutos (Aeroportos do Mundo, 2010c).

✈ Aeroporto de Cidade do Cabo

> Nome oficial: Cape Town International Airport (Aeroporto Internacional da Cidade do Cabo)
> Código Iata: CPT

Localizado a 22 km ao Leste da cidade, esse aeroporto recebe cerca de 8,5 milhões de passageiros anualmente. Esse aeroporto atende a toda a região sudeste da África do Sul e é administrado pela Airports Company South África – Acsa (Companhia de Aeroportos da África do Sul) (Aeroportos do Mundo, 2010b).

✈ Aeroporto de Durban

> Nome oficial: King Shaka International Airport (Aeroporto Internacional de Durban)
> Código Iata: DUR

Inaugurado em maio de 2010, em função da Copa do Mundo de Futebol no país, o novo aeroporto está a cerca de 35 km ao norte de Durban, na cidade de La Mercy. O King Shaka International tem capacidade para movimentar 100 mil toneladas de mercadorias e atender a 7,5 milhões de passageiros por ano (Airports Company, 2011).

🚆 Ferrovias

A África do Sul possui a maior rede ferroviária dentre os membros da SADC e a décima maior linha ferroviária do mundo. Somente a estatal Transnet Freight Rail (TFR) opera 22 mil km de ferrovias, sendo o maior transportador de cargas do país. As ferrovias interligam os portos às principais regiões do país e aos demais países da SADC, atendendo a 80% do continente.

Graças à realização da Copa do Mundo de Futebol no país, em 2010, devem ser criadas novas linhas de transporte ferroviário, com trens de alta velocidade ligando a capital Pretória a Johannesburgo. Também existem projetos de ampliação* da rede ferroviária em outras regiões importantes do país (SouthAfrica.info, 2010a).

* Leia mais sobre o assunto no seguinte *site*: <http://www.southafrica.info/overview/portugues/transportes.htm>.

L'Union du Maghreb Arabe – UMA (União do Magrebe Árabe)

Criado em 1989 pelo Tratado de Marrakech, esse bloco econômico reúne cinco países-membros – Argélia, Líbia, Marrocos, Mauritânia e Tunísia – com a finalidade de reforçar os laços entre os países-membros, consolidar a paz, buscar a política comum em diversas aéreas e permitir a livre circulação de pessoas, bens, serviços e capitais.

Segundo dados do governo brasileiro, a população da UMA é de 77,8 milhões de pessoas, com um PIB de US$ 141,3 bilhões. As exportações do bloco ficam próximas dos US$ 54 bilhões e as importações em US$ 37 bilhões (Brasil, 2010d; UMA, 2011a).

UMA

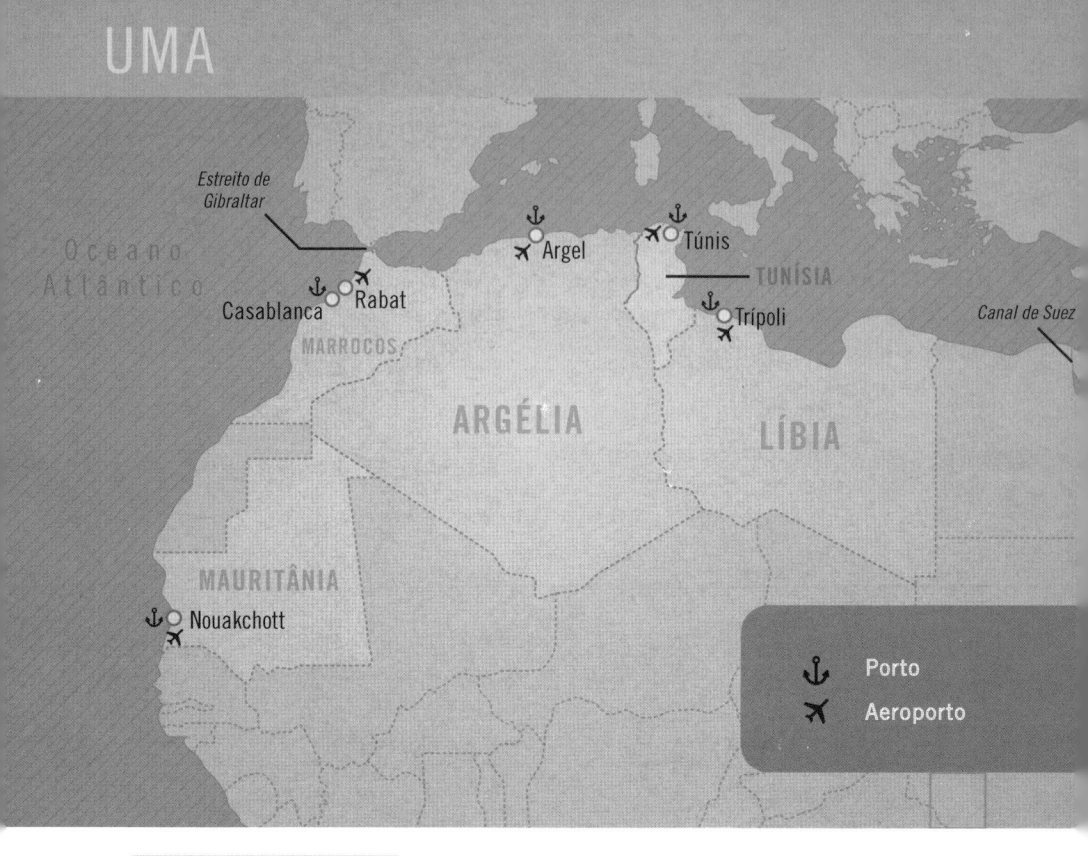

Objetivos da UMA

O Tratado de Marrakech, que criou a UMA, também estabeleceu os seguintes objetivos desse bloco econômico africano (UMA, 2011b):

» a consolidação das relações fraternas dos Estados-membros e seus povos para alcançar o progresso e o bem-estar das comunidades e defender seus direitos;
» a realização progressiva da livre circulação de pessoas, serviços, bens e capitais entre os Estados-membros;
» a adoção de uma política comum em todas as áreas; em termos econômicos, a política comum visa assegurar o desenvolvimento industrial, agrícola, comercial e de desenvolvimento social dos Estados-membros.
» a união aduaneira para instituir uma zona aduaneira unificada com a adoção de uma tarifa externa comum, *vis-à-vis* o resto do mundo.

Como você pode observar, a UMA visa à melhoria dos países-membros e consequentemente dos cidadãos, além de incrementar o comércio entre essas nações.

Estrutura da UMA

A UMA tem como órgão supremo o Conselho Presidencial, formado pelos chefes de Estado dos integrantes do bloco, que exercem a presidência do órgão de forma rotativa, pelo período de um ano, com sessões ordinárias anuais e decisões unânimes.

Existe ainda a Secretaria-Geral da UMA, que possui como diretriz executar as decisões do Conselho Presidencial e tomar as demais medidas administrativas do bloco (UMA, 2011a).

Logística da UMA

A partir de agora vamos conhecer os principais pontos de entrada e saída de mercadorias da UMA. Veremos os portos e aeroportos e também as distribuições pelas rodovias e ferrovias que viabilizam o fluxo comercial nesse bloco econômico.

Portos

Observe a seguir uma pequena relação dos portos que coordenam as transações comerciais da UMA com o restante do mundo, com seus trajetos principais e suas especificidades geográficas.

⚓ Porto de Argel

É o principal porto da Argélia e da UMA, localizado no norte do país, com acesso direto ao sul da Europa pelo Mar Mediterrâneo e com facilidades para acessar as demais regiões europeias e as Américas, pois está próximo ao Estreito de Gibraltar, que dá acesso ao Oceano Atlântico. A leste, temos acesso ao Canal de Suez, que faz a ligação com o Oceano Índico, alcançando o Sudeste Asiático, a Oceania e a Costa Oeste das Américas. O porto possui capacidade para movimentar mais de 15 milhões de toneladas de mercadorias anualmente, incluindo 7 milhões de toneladas de cargas conteinerizadas, o que representa 750 mil TEUs (Entreprise Portuaire D'Alger, 2011).

Além do Porto de Argel, existem vários outros portos que atendem à UMA, como o Porto de Casablanca, no Marrocos, no noroeste do país e ao sul da capital Rabat, a aproximadamente 100 km.

Outro importante porto da UMA é o Porto de Nouakchott, na capital da Mauritânia, que está localizado no oeste do país, no Oceano Atlântico.

Na Líbia, o principal porto está localizado na cidade de Trípoli, capital do país. O porto, situado no Mediterrâneo, tem acesso direto à Europa e às demais regiões mundiais através do Estreito de Gibraltar e do Canal de Suez. Para completar o bloco, temos o principal porto da Tunísia, localizado na capital, Túnis, com os mesmos acessos do Porto de Trípoli.

✈ Aeroportos

Os principais aeroportos da UMA estão localizados nas capitais dos países-membros, com voos para diversas regiões mundiais e conexões com voos domésticos. O transporte aéreo de cargas não é muito utilizado nas relações comerciais do Brasil para com a UMA, pois os produtos negociados não exigem entregas imediatas em razão do prazo de validade, podendo ser transportadas em navios, visto que todos os países do bloco têm acesso ao mar.

Encerramos os estudos sobre os blocos econômicos da América do Norte, do Sudeste Asiático, da Costa do Pacífico e da África. É importante frisarmos como o Brasil mantém boas relações comerciais com os países-membros desses blocos. Além disso, você também agora conhece a logística e os principais portos e aeroportos desses blocos econômicos de renome internacional.

Síntese

Neste capítulo, você entrou em contato com os blocos da América do Norte, da Ásia e do Pacífico, inclusive os emergentes países do Sudeste Asiático. Vimos o Nafta, o Anzcerta, a Apec, a Asean, a SADC e a UMA, em seus aspectos econômicos relativos ao comércio internacional e logístico.

Questões para revisão

1. O North-American Free Trade Agreement – Nafta (Acordo Norte-Americano de Livre Comércio) é formado pelos seguintes países-membros:
   a. Canadá, Estados Unidos, México e Costa Rica.
   b. Estados Unidos, Groelândia e México.
   c. Canadá, Estados Unidos e Brasil.
   d. Canadá, Estados Unidos e México.

2. Sobre a Asia-Pacific Economic Cooperation – Apec (Cooperação Econômica da Ásia e do Pacífico), criada em 1989, podemos afirmar que:
   I. promove a integração econômica regional, com incentivos à cooperação técnica e econômica em um ambiente favorável e sustentável.
   II. fazem parte desse bloco 21 países, entre eles Austrália, Brunei Darussalam, Canadá, Chile, China, Cingapura, Coreia do Sul, Estados Unidos, Filipinas, Hong Kong, Japão e Malásia.
   III. funciona como uma cooperativa multilateral, com foco econômico e comercial. Todos os membros têm pesos iguais nos diálogos e nas tomadas de decisões.
   IV. o referido bloco foi criado pelo Tratado de Montevidéu (TM 80) e o Brasil participa como país associado.

   Agora, assinale a alternativa que indica a resposta correta:

   a. As afirmações I, III e IV estão corretas.
   b. As afirmações I e II estão corretas.
   c. Apenas a afirmativa IV está correta.
   d. As afirmativas I, II e III estão corretas.

3. Como é o comércio do Nafta com o Brasil, incluindo seu volume de importações e exportações e os principais produtos negociados?

4. Descreva a localização, os acessos e as operações do Porto de Argel.

5. Descreva as operações nos Portos de Durban e de Richard's Bay.

Blocos econômicos sul-americanos e centro-americanos: o potencial da América Latina

Conteúdos do capítulo
» Blocos econômicos da América do Sul e da América Central
» Estrutura econômica e logística dos blocos econômicos sul e centro-americanos

Após o estudo deste capítulo, você será capaz de:
1. conhecer os objetivos e a estrutura dos blocos latino-americanos e centro-americanos;
2. compreender a relação comercial entre o Brasil e os referidos blocos;
3. conhecer os principais portos, aeroportos, rodovias, ferrovias e hidrovias dos blocos econômicos estudados neste capítulo.

Neste capítulo, você entrará em contato com o grande potencial da América Latina, com seus respectivos blocos econômicos e as relações comerciais de seus países-membros. Com o intuito de tornar mais dinâmico o conteúdo analisado nesta parte da obra, este capítulo conta com algumas especificidades:

» Os sistemas logísticos dos blocos econômicos sul-americanos serão demonstrados no Capítulo 5, pois os países integrantes desses blocos também fazem parte do Mercado Comum do Sul – Mercosul, que será tratado, no que se refere à logística, naquele capítulo. Aqui, só serão examinados os modais marítimo e aéreo da Costa Rica – país mais representativo do Sistema de la Integración Centroamericana – Sica (Mercado Comum Centro-Americano) –, uma vez que esse país não integra o Mercosul.
» O Mercosul será analisado neste capítulo apenas no que diz respeito aos seus objetivos e à sua estrutura.

Asociación Latinoamericana de Integración – Aladi (Associação Latino-Americana de Integração)

A Asociación Latinoamericana de Integración – Aladi (Associação Latino-Americana de Integração) é uma zona de preferência tarifária criada em 1980 pelo Tratado de Montevidéu (TM 80*), sendo formada por 12 países-membros, classificados em três categorias, de acordo com as características econômico-estruturais de cada país integrante, elencadas pelo Ministério do Desenvolvimento (Brasil, 2010n):

» De Menor Desenvolvimento Econômico Relativo – PMDER:
  » Bolívia, Equador e Paraguai.
» De Desenvolvimento Intermediário – PDI:
  » Chile, Colômbia, Peru, Uruguai, Venezuela e Cuba.
» Demais países:
  » Argentina, Brasil e México.

---

* Caso você queira ler o texto integral referente ao Tratado de Montevidéu 1980, promulgado pelo Decreto nº 87.054, de 23 de março de 1982, acesse o seguinte *link*: <http://www2.mre.gov.br/dai/m_87054_1980.htm>.

Blocos econômicos no panorama mundial: análise geográfica e econômica

ALADI

- México
- Cuba
- Venezuela
- Colômbia
- Equador
- Peru
- Brasil
- Bolívia
- Paraguai
- Chile
- Argentina
- Uruguai

Oceano Atlântico

Oceano Pacífico

Oceano Atlântico

A Aladi promove a criação de uma área de preferências econômicas na região relativa ao bloco, objetivando um mercado comum latino-americano, por meio de três mecanismos, de acordo com o *site* oficial do referido bloco econômico (Aladi, 2010b):

- » uma preferência tarifária regional, aplicada a produtos originários dos países-membros diante das tarifas em vigor para terceiros países;
- » acordos de alcance regional (comuns a todos os países-membros);
- » acordos de alcance parcial, com a participação de dois ou mais países da área.

No tocante à sua organização institucional, a Aladi é formada, de acordo com os arts. 28 e 29 do Tratado de Montevidéu (TM 80), por três órgãos políticos, ainda de acordo com o *site* anteriormente citado (Aladi, 2010a): "Conselho de Ministros das Relações Exteriores; Conferência de Avaliação e Convergência; Comitê de Representantes. Conta, ainda, com um órgão técnico: a Secretaria-Geral".

No que diz respeito às especificidades de desses órgãos, temos as seguintes descrições (Aladi, 2010a):

- » Conselho de Ministros: Órgão supremo, responsável pelas decisões políticas necessárias para o processo de integração. É constituído pelos ministros das Relações Exteriores* dos países-membros. O conselho se reúne quando convocado pelo Comitê de Representantes e as decisões são tomadas na presença de todos os países-membros.
- » Conferência de Avaliação e Convergência: Examina o processo de integração em todos os seus aspectos, buscando a convergência dos acordos parciais e a multilateralização progressiva, promovendo ações de grande alcance em matéria de integração econômica. É constituída por plenipotenciários dos países-membros.
- » Comitê de Representantes**: Órgão político permanente e foro negociador no qual são deliberadas as iniciativas referentes à efetivação dos objetivos determinados pelo Tratado da Aladi.

---

* Para conhecer o Regulamento do Conselho de Ministros de Relações Exteriores, acesse o texto na íntegra no *site* da Aladi, por meio do seguinte *link*: <http://www.aladi.org/nsfaladi/Juridica.nsf/819284ad68fdcb0c032567f6004ab2be/20f754010b5290e3232567a100553cfc?OpenDocument>.

** Caso você queira conhecer o Regulamento do Comitê dos Representantes, acesse o texto na íntegra no *site* da Aladi, por meio do seguinte *link*: <http://www.aladi.org/nsfaladi/Juridica.nsf/e903c3f4750ea615032567df0067a124/bbb62436ef830393232567a100553d61?OpenDocument>.

Ligados ao Comitê dos Representantes estão os órgãos auxiliares, de assessoria, consulta e apoio técnico. Podem ser criados outros órgãos quando necessário. Os órgãos auxiliares* constituintes da Aladi são os seguintes (Aladi, 2010b):

» Conselho para Assuntos Financeiros e Monetários;
» Comissão Assessora para Assuntos Financeiros e Monetários;
» Reunião de Diretores Nacionais de Alfândegas;
» Comissão de Orçamento;
» Comissão de Assistência e Cooperação Técnica;
» Conselho do Transporte para a Facilitação do Comércio;
» Conselho Assessor para Financiamento das Exportações;
» Conselho de Turismo;
» Conselho Assessor Empresarial;
» Comissão Assessora de Nomenclatura;
» Conselhos Setoriais;
» Conselho Assessor Trabalhista;
» Conselho Assessor para Assuntos Aduaneiros.

Existem ainda os grupos de trabalho de apoio ao Comitê dos Representantes, que discutem sobre diversos assuntos de âmbito administrativo, jurídico, comercial, financeiro etc.

A Secretaria-Geral** da Aladi, a seu turno, constitui-se em um órgão técnico com atribuições de propostas, avaliações e estudo e gestão, sempre voltados aos objetivos da associação. A secretaria é formada por uma equipe administrativa e técnica.

---

* Como esta obra não tem como objetivo tratar de cada órgão auxiliar da Aladi de forma específica, indicamos o seguinte *link* para aqueles que desejarem pesquisar sobre o assunto de forma mais aprofundada: <http://www.aladi.org/nsfaladi/arquitec.nsf/VSITIOWEBp/ORGANOS_AUXILIARESp>.

** Conheça mais sobre a Secretaria-Geral, sua missão e visão, no seguinte *link* da Aladi: <http://www.aladi.org/nsfaladi/arquitec.nsf/VSITIOWEBp/secretariap>.

A Aladi e o comércio internacional

O Brasil exporta cerca de US$ 15 bilhões (FOB) para os países-membros da Aladi, excluindo as transações com o Mercosul. Já as importações feitas pelo Brasil de países-membros da Aladi giram em torno dos US$ 10 bilhões (FOB) por ano (Brasil, 2011o).

Um grande volume de exportações da Aladi é destinado à União Europeia, que recebe mais de 20% das mercadorias do bloco latino-americano, seguida pela China, que importa mais de 15% dos produtos da Aladi. Cerca de 18% são comercializados nos próprios países que compõem o referido bloco.

Quanto às importações, a Aladi adquire 22,9% da produção da União Europeia, 16,4% dos produtos dos Estados Unidos e 17% dos países que compõem o bloco (Aladi, 2011a).

Para importar ou exportar para países-membros da Aladi, verifique primeiro se o produto em questão é objeto de preferência em algum tipo de acordo no qual o Brasil é signatário*. Em seguida, verifique a classificação tributária, providencie a emissão do Certificado de Origem (que consiste em uma comprovação de que um determinado produto é fabricado com um percentual mínimo de matéria-prima oriunda do próprio país) junto a uma das entidades credenciadas e o envie ao importador. Em caso de dúvida quanto à classificação, contatar a Secretaria da Receita Federal de sua região.

* Esse dado pode ser obtido no *site* do Ministério do Desenvolvimento, Indústria e Comércio Exterior, por meio do seguinte *link*: <http://www.mdic.gov.br/sitio/interna/interna.php?area=5&menu=405>.

Perguntas & respostas

Quais países formam a Aladi e como é a classificação desses países de acordo com as características econômico-estruturais, segundo o Ministério do Desenvolvimento?
De Menor Desenvolvimento Econômico Relativo (PMDER): Bolívia, Equador e Paraguai. De Desenvolvimento Intermediário (PDI): Chile, Colômbia, Peru, Uruguai, Venezuela e Cuba. Demais países: Argentina, Brasil e México.

Operações logísticas na Aladi

Como vimos anteriormente, os países-membros da Aladi também fazem parte de outros blocos econômicos, estando a maioria deles ligados ao Mercosul. Sendo assim, não iremos repetir as informações sobre portos, aeroportos e rodovias de ligações existentes nesses países e também não nos prenderemos às políticas de cada país.

Asociación de Estados del Caribe – AEC (Associação dos Estados do Caribe)

A Asociación de Estados del Caribe – AEC (Associação dos Estados do Caribe), ou Associaton of Caribbean States (ACS), é um bloco de cooperação política e econômica. Foi criada em 1994 com o objetivo de promover a consulta, cooperação e ação concentrada entre os países-membros e se baseia no aspecto de reforço da cooperação regional e do processo de integração dos países integrantes, com vistas a criar um espaço econômico ampliado na região, preservar a integridade ambiental do Mar do Caribe, que é considerado o patrimônio comum dos povos da região, e promover o desenvolvimento sustentável do Grande Caribe (AEC, 2010).

A associação é formada por 29 países, sendo os 25 membros* os países a seguir (AEC, 2010):

- Antígua e Barbuda;
- Bahamas;
- Barbados;
- Belize;
- Colômbia;
- Costa Rica;
- Cuba;
- Dominica;
- República Dominicana;
- El Salvador;
- Granada;
- Guatemala;
- Guiana;
- Haiti;
- Honduras;
- Jamaica;
- México;
- Nicarágua;
- Panamá;
- São Cristóvão e Névis;
- Santa Lúcia;
- São Vicente e Granadinas;
- Suriname;
- Trinidad e Tobago;
- Venezuela.

Compõem ainda a AEC mais quatro países associados:

- Aruba;
- França (em nome da Guiana Francesa, de Guadalupe e Martinica);
- Antilhas Holandesas;
- Ilhas Turks e Caicos.

---

* Países associados têm alguns benefícios, mas não todas as facilidades, ao contrário dos países-membros, que possuem todos os direitos e deveres previstos no tratado que criou o bloco regional.

AEC

Oceano Atlântico
Oceano Pacífico
MÉXICO
Veracruz
BAHAMAS
CUBA
REPÚBLICA DOMINICANA
SÃO CRISTOVÃO E NEVIS
ANTÍGUA E BARBUDA
DOMINICA
SANTA LÚCIA
SÃO VICENTE E GRANADINAS
BARBADOS
GRANADA
TRINIDAD E TOBAGO
BELIZE
HONDURAS
JAMAICA
HAITI
GUATEMALA
EL SALVADOR
NICARÁGUA
COSTA RICA
PANAMÁ
Porto Cabello
VENEZUELA
GUIANA
SURINAME
Buenaventura
COLÔMBIA
Porto

Os associados têm o direito de intervir nos debates e nas votações, nas reuniões do Conselho Ministerial e nas Comissões Especiais sobre questões que os afetem diretamente na sua competência constitucional (AEC, 2010).

No que se refere à organização institucional da AEC, os principais órgãos do referido bloco econômico são o Conselho Ministerial e a Secretaria-Geral, que tomam as decisões políticas e norteiam a associação.

Existem ainda cinco comitês especiais: Desenvolvimento das Relações Econômicas Externas, Turismo Sustentável, Transporte, Catástrofes Naturais e Orçamento e Administração. A AEC também conta com um Conselho de Representantes Nacionais do Fundo Especial, órgão responsável por supervisionar os esforços de mobilização de recursos e desenvolvimento do projeto (AEC, 2010).

A AEC e o comércio internacional

O contingente populacional da AEC é composto por 228,9 milhões de pessoas, totalizando um PIB de US$ 938,5 bilhões. O volume de importações gira em torno de um pouco mais de US$ 281 bilhões e as exportações ficam próximas dos US$ 268 bilhões.

Segundo dados do Ministério do Desenvolvimento, Indústria e Comércio Exterior, a exportação brasileira para os países que fazem parte da AEC gira em torno de US$ 17 bilhões, enquanto as importações não ultrapassam os US$ 4 bilhões.

As relações comerciais entre o Brasil e a AEC são semelhantes às transações realizadas com a Caricom (Mercado Comum e Comunidade do Caribe), visto que todos os países-membros desse bloco fazem parte da AEC. Com isso, vamos apenas destacar que o Brasil exporta principalmente automóveis, artigos eletrônicos, produtos químicos e soja para a AEC. Em relação às importações, o petróleo caracteriza-se como produto principal, trazido da Venezuela e do México (Brasil, 2010b).

De acordo com Ávila (2008, p. 705):

> na pauta das exportações brasileiras para o mercado do Grão Caribe, destacam-se bens de média e alta tecnologia, sobretudo dos setores automotriz (e aéreo), químico, de plásticos, eletroeletrônicos, metal-mecânico, material médico-cirúrgico, maquinaria agropecuária, fertilizantes, material de escritório, brinquedos e papel. Alimentos, particularmente soja, bem como certas sementes, madeiras e óleos, também são parte das exportações brasileiras com destino àqueles países, territórios e comunidades. Trata-se, em geral,

de bens de capital e de consumo duradouro, de boa qualidade e com preços competitivos. Cabe mencionar que, em seu esforço por penetrar e se consolidar no mercado caribenho, os exportadores brasileiros gozam do eficiente apoio da agência brasileira de promoção de exportações e investimentos.

No que se refere aos meios logísticos para transporte das mercadorias exportadas e importadas, não entraremos em detalhes, visto que os principais países da AEC mantêm outros acordos, participando também do Mercado Comum e Comunidade do Caribe (Caricom), da Comunidade Andina (CAN) e do Mercado Comum do Sul (Mercosul). Nos tópicos seguintes estudaremos a geografia política dos principais países do Caribe.

Principais países e entradas de mercadorias da AEC

Agora conheceremos os principais países que mantêm relações comerciais com o Brasil, segundo o Ministério do Desenvolvimento, Indústria e Comércio de nosso país, como demonstrado nas Tabelas 2 e 3 a seguir:

Tabela 2 – Países para quem o Brasil exporta, por ordem de valores (FOB)

País	US$ (FOB), em 2009
Venezuela	3.610.339.282
México	2.675.888.299
Santa Lúcia	2.434.211.310
Colômbia	1.801.053.432
Antilhas Holandesas	968.196.104

Fonte: Baseado em Brasil, 2011b', 2011v, 2011x, 2011p, 2011n.

Tabela 3 – Países de quem o Brasil importa, em ordem de valores (FOB)

País	US$ (FOB), em 2009
México	2.783.411.348
Venezuela	581.618.670
Colômbia	567.878.842
Costa Rica	305.843.060
Trinidad e Tobago	180.654.036

Fonte: Baseado em Brasil, 2011v, 2011b, 2011p, 2011t, 2011z.

Os maiores portos da região da AEC estão localizados nos seguintes países-membros (Sea South, 2011):

- » Porto de Veracruz, no México, que é analisado no capítulo destinado ao bloco econômico Nafta;
- » Porto Cabello, na Venezuela, que será estudado no capítulo destinado à análise do Mercosul;
- » Buenaventura, na Colômbia, que também será estudado no contexto demonstrado no capítulo referente ao Mercosul.

Nesses países também estão os principais aeroportos da AEC, que serão analisados no contexto do bloco econômico ao qual cada país pertence.

> **Perguntas & respostas**
>
> *Quais são as principais portas de entrada de mercadorias para os membros da AEC?*
> Porto Veracruz, no México;
> Porto Cabello, na Venezuela;
> Porto Buenaventura, na Colômbia.

Caribbean Community – Caricom (Mercado Comum e Comunidade do Caribe)

O Caribbean Community – Caricom (Mercado Comum e Comunidade do Caribe), caracterizada como zona de livre comércio, foi criada em 1973 com o objetivo de promover a integração econômica e comercial, além da cooperação entre os países-membros do bloco. Pelo acordo firmado, é permitida a circulação de trabalho e capital, bem como a coordenação da agricultura e da indústria dos países integrantes.

Fazem parte do Caricom 16 países, sendo 15 membros: Antígua e Barbuda, Bahamas, Barbados, Belize, Dominica, Granada, Guiana, Haiti, Jamaica, Montserrat, Santa Lúcia, São Cristóvão e Neves, São Vicente e Granadinas, Suriname, Trinidad e Tobago. Cuba, por sua vez, participa como país associado.

Um diferencial do Caricom é que, além do comércio, o bloco se preocupa também com outros aspectos, desenvolvendo projetos nas áreas de saúde, educação, comunicação, meio ambiente e política externa (Caricom, 2010; Francisco, 2010).

CARICOM

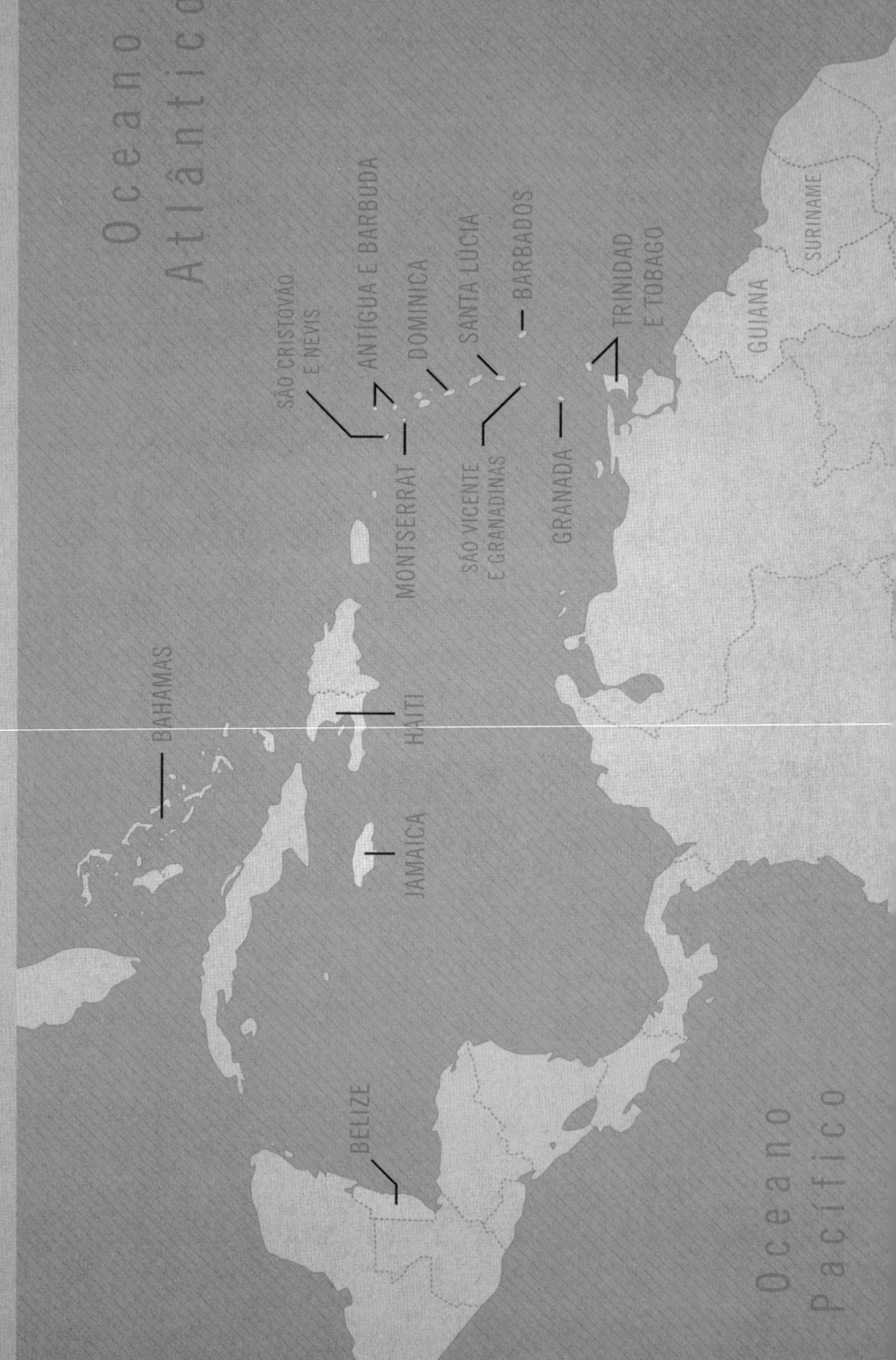

Oceano Atlântico

- SÃO CRISTÓVÃO E NÉVIS
- ANTÍGUA E BARBUDA
- DOMINICA
- SANTA LÚCIA
- BARBADOS
- TRINIDAD E TOBAGO
- MONTSERRAT
- SÃO VICENTE E GRANADINAS
- GRANADA
- GUIANA
- SURINAME
- BAHAMAS
- HAITI
- JAMAICA
- BELIZE

Oceano Pacífico

Organização institucional do Caricom

A instância superior do Caricom é a Conferência de Chefes de Governo, realizada anualmente para debater assuntos de interesse da comunidade. O governo brasileiro é convidado a participar da conferência desde 1994.

O principal órgão do bloco é a Secretaria-Geral, que dita as regras de comercialização entre os membros, com o intuito de evitar o protecionismo e obter benefícios (Caricom, 2010).

O Caricom e o mercado

O Caricom conta com um contingente populacional de aproximadamente 14,6 milhões de pessoas, com um PIB de US$ 28,1 bilhões (Caricom, 2010).

O comércio movimenta quase US$ 13 bilhões em exportações e US$ 16 bilhões em importações. O Brasil exportou, em 2008, US$ 4,81 bilhões (FOB) aos países-membros do bloco e importou US$ 377,7 milhões (FOB).

Os principais produtos exportados pelo Brasil aos países do Caribe são automóveis, aparelhos eletrônicos e produtos químicos. Também se destacam os alimentos, especialmente a soja (Brasil, 2011q).

Comunidad Andina – CAN (Comunidade Andina)

Comunidade Andina (CAN), Grupo Andino ou, ainda, Pacto Andino, é uma comunidade formada por quatro países-membros – Bolívia, Colômbia, Equador e Peru – mais cinco associados – Chile, Argentina, Brasil, Paraguai e Uruguai – e dois países observadores* – México e Panamá. A comunidade surgiu do interesse em alavancar o desenvolvimento equilibrado e independente dos países integrantes do referido bloco. A intenção é avançar no processo de integração global, contribuindo para o desenvolvimento humano sustentável dos países do bloco, respeitando as diferentes visões, modelos e abordagens destes. No intuito de aumentar o seu espectro de influência e para consolidar sua presença no cenário econômico mundial, a CAN está caminhando para se tornar a União das Nações Sul-Americanas – Unasul (CAN, 2011).

* Países observadores são aqueles que não têm poder de voto nem gozam dos benefícios dos países-membros, mas participam de reuniões.

Estrutura da CAN

A CAN é composta por seis órgãos, com as seguintes finalidades (CAN, 2011):

- » Conselho Presidencial: É o órgão supremo, responsável pelas diversas orientações nas áreas de integração regional.
- » Conselho Andino de Ministros dos Negócios Estrangeiros: É o órgão da direção política do bloco.
- » Comissão da Comunidade Andina: É responsável pela política de integração.
- » Secretaria-Geral da Comunidade Andina: É o órgão com escritório permanente que apresenta propostas ao Conselho Andino de Ministros, assim como propõe sugestões a esse conselho.
- » Tribunal de Justiça da Comunidade Andina: Fiscaliza a legalidade das normas e interpreta as disposições legais.
- » Parlamento Andino: É o órgão executivo da CAN.

Também fazem parte da estrutura da CAN quatro instituições:

- » Corporação Andina de Fomentos: É a instituição financeira que apoia o desenvolvimento sustentável do bloco e a integração regional.
- » Fundo Latino-Americano de Reserva (Flar): Dá suporte à balança comercial e contribui com as políticas cambial, financeira e monetária.
- » Organismo Andino de Saúde: Tem por objetivo melhorar a saúde dos povos andinos.
- » Universidade Andina Simón Bolívar: Dedicada-se ao ensino, à pós-graduação, à pesquisa e à prestação de serviços à CAN.

Completam a estrutura da CAN três conselhos e um fórum de discussão, expostos a seguir:

- » Conselho Consultivo Empresarial Andino: Promove a integração dos sistemas comerciais e o incentivo ao comércio.
- » Conselho Consultivo de Trabalho: Atua nas áreas trabalhistas, que representam as organizações sindicais.
- » Conselho Consultivo dos Povos Indígenas: Representa o interesse dos povos indígenas.
- » Convênio Simón Rodríguez: É um fórum de discussão, participação e coordenação de questões sociais e trabalhistas referentes à CAN.

Essa é a estrutura da CAN, com seus conselhos, organismos e demais instituições. Em seguida, conheceremos as relações comerciais que caracterizam o referido bloco.

CAN e o comércio internacional

O comércio realizado entre os países da CAN (Bolívia, Colômbia, Equador e Peru) e o Mercosul gira em torno de mais de US$ 16 milhões (FOB) anualmente.

Somente para o Mercosul, as exportações ultrapassam os US$ 5,5 milhões (FOB), sendo a Bolívia o maior exportador, cujas jazidas de gás natural se constituem em seu produto mais comercializado.

As importações oriundas do Mercosul realizadas pela Comunidade Andina ultrapassaram os US$ 10 milhões (FOB). O maior importador é o Peru, que adquire principalmente petróleo e derivados (CAN, 2011).

As operações logísticas

Considerando que os países-membros da CAN também fazem parte do Mercosul, estudaremos os meios logísticos – principais portos, aeroportos e outros acessos – quando estivermos realizando nossos estudos sobre este último bloco econômico.

Sistema de la Integración Centroamericana – Sica (Mercado Comum Centro-Americano)

O Sistema de la Integración Centroamericana – Sica (Mercado Comum Centro-Americano) consiste em uma união aduaneira formada pela integração de países da América Central, criada em 1991, com o objetivo principal de realizar a integração da América, estabelecendo uma região de paz, liberdade, democracia e desenvolvimento, com base no respeito, proteção e promoção dos direitos humanos.

São Estados-membros do Sica os seguintes países: Belize, Costa Rica, El Salvador, Guatemala, Honduras, Nicarágua e Panamá. A República Dominicana, por sua vez, é um país associado. Brasil, Chile e Estados Unidos participam como observadores regionais, e Alemanha, China e Espanha são considerados observadores fora da região abrangida pelo bloco (Sica, 2011).

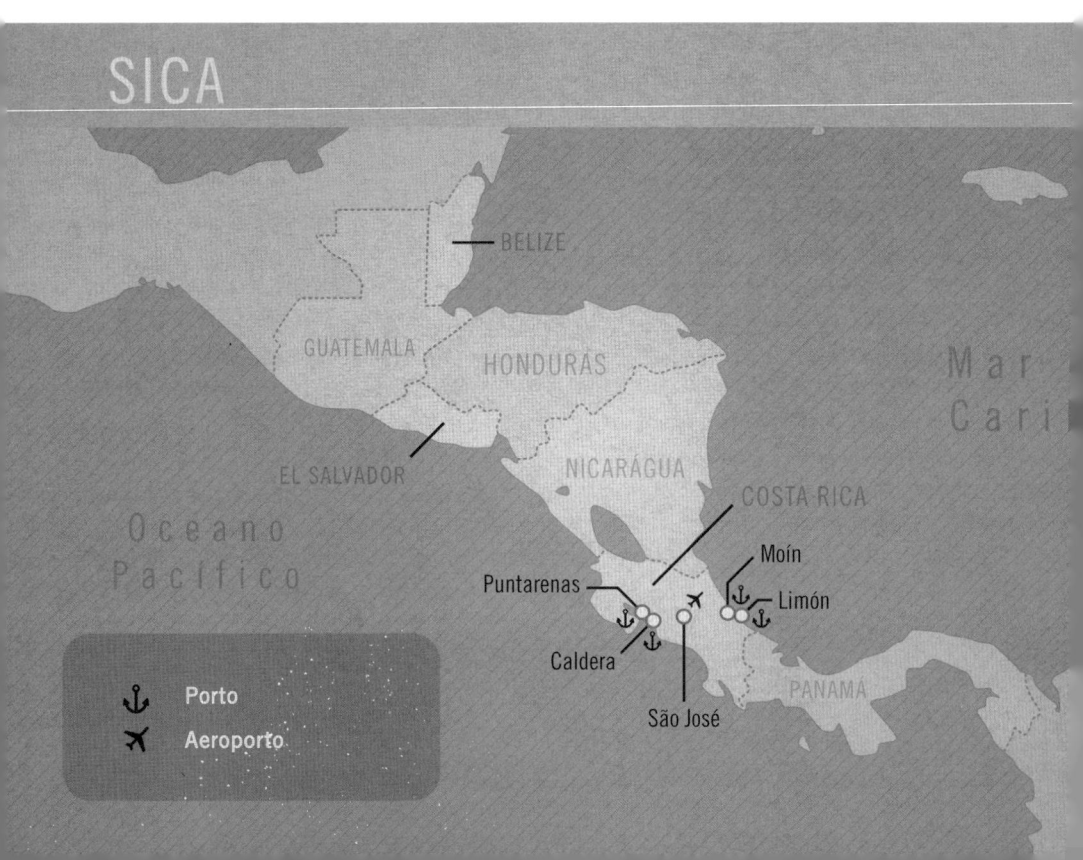

Para atingir os objetivos do Sica, seus respectivos integrantes partilham dos seguintes princípios fundamentais (Sica, 2011):
- » proteger, respeitar e promover os direitos humanos, que constituem a base fundamental do Sica;
- » paz, democracia, desenvolvimento e liberdade formam um todo harmonioso e indivisível que orienta as ações dos países-membros do bloco;
- » identidade americana como a manifestação ativa dos interesses regionais e a vontade de participar na consolidação da integração regional;
- » solidariedade americana como uma expressão de profunda interdependência, origem e destino comum;
- » processo de integração gradual e progressiva, baseado no desenvolvimento harmonioso e equilibrado, no tratamento especial aos países-membros menos desenvolvidos, na equidade e na reciprocidade e na cláusula de exceção Central-Americana;
- » processo de integração global e da participação democrática em todos os setores sociais;
- » segurança jurídica das relações entre os Estados-membros e solução pacífica de suas controvérsias;
- » boa-fé dos Estados no cumprimento de suas obrigações e na abstenção de concordar com qualquer ação que seja contrária às disposições desse acordo ou que dificulte o cumprimento dos princípios fundamentais do Sica ou a realização de seus objetivos;
- » respeito pelos princípios e pelas regras das Cartas da Organização das Nações Unidas (ONU), da Organização dos Estados Americanos (OEA) e pelas declarações nas reuniões presidenciais da América Central instituídas desde maio de 1986.

Perguntas & respostas

Como é classificado o Sistema de la Integración Centroamericana – Sica?
É classificado como união aduaneira, formada pela integração de países da América Central.

Estrutura do Sica

O Sica estabelece diversos órgãos para a realização de seus trabalhos, conforme veremos a seguir, por ordem hierárquica (Sica, 2011).

» **Reunião de Presidentes:** É o órgão supremo do Sica, composto pelos presidentes dos países-membros do bloco. Seu objetivo é ouvir as questões da região que exijam decisões sobre desenvolvimento, democracia, paz, liberdade e segurança.
» **Conselho de Ministros de Relações Exteriores:** Composto pelos ministros da Indústria dos países integrantes da Sica, é regido pelo ministro do país que lidera a presidência do bloco. Compete a esse conselho discutir sobre a segurança e a paz na região, assim como acompanhar e aprovar as decisões políticas, econômicas, sociais e culturais. Esse órgão ainda possui a função de aprovar o orçamento central do Sica, bem como elaborar a agenda e preparar a reunião dos presidentes dos países-membros, entre outras funções.
» **Comitê Executivo:** É formado por um representante de cada país-membro, nomeado pelo presidente do Sica e pelos ministros dos negócios estrangeiros. Algumas das funções do comitê consistem em assegurar a execução eficiente, por meio da Secretaria-Geral, das decisões tomadas na Reunião de Presidentes, bem como propor ao Conselho de Ministros a criação de secretarias e órgãos subsidiários, rever semestralmente os relatórios de atividades da Secretaria-Geral, com as observações e recomendações do Conselho de Ministros, entre outras funções.
» **Secretaria-Geral:** Trata-se de um órgão operacional que tem por finalidade prestar serviços, além de apoiar tecnicamente nas execuções de esforços de integração regional. Cabe ainda à Secretaria-Geral apoiar as instituições da sociedade civil que trabalham na integração regional e promovem a paz, a democracia, a liberdade e o desenvolvimento dos países integrantes do Sica.

Também estão incluídas na estrutura do Sica os seguintes órgãos (Sica-2011):

» **Reunião de Vice-Presidentes:** É um órgão de assessoria e consultoria no qual as decisões são tomadas por consenso.
» **Parlamento Centro-Americano:** É composto por 20 representantes dos países-membros com respectivos suplentes, eleitos por voto universal pelos presidentes das repúblicas do bloco e pelo vice-presidente nomeado ou funcionário de gabinete dos países-membros.

Algumas das funções do Parlamento Centro-Americano são (Sica-2011):

» servir como fórum deliberativo dos direitos políticos, sociais, econômicos, culturais e de segurança do Sica;
» promover e orientar processos de integração e cooperação;
» propor tratados e acordos entre os países-membros.

Dentro dessa estrutura, existe ainda um sistema de secretarias* que se relacionam diretamente com a Secretaria-Geral do Sica (Sica-2011):

» Secretaria-Geral de Coordenação Educativa e Cultural Centro-Americana (SG-CECC);
» Secretaria de Integração Econômica Centro-Americana (Sieca);
» Secretaria Executiva de Conselho Monetário Centro-Americano (SECMCA);
» Secretaria da Integração Turística Centro-Americana (Sitca);
» Secretaria da Integração Social Centro-Americana (Sisca);
» Secretaria Executiva do Conselho de Ministros da Saúde Centro-Americano (Secomisca);
» Secretaria Técnica do Conselho de Ministras da Mulher Centro-Americana (STCOMMCA);
» Secretaria Executiva da Comissão Centro-Americana de Meio Ambiente e Desenvolvimento (Seccad);
» Secretaria Executiva de Conselho Agropecuário Centro-Americano (Secac).

Completam a estrutura do Sica várias instituições e comissões especializadas, entre elas o Banco Centro-Americano de Integração Econômica (BCIE), o Conselho Fiscal Regional (CFR-Sica) e a Comissão Centro-Americana de Estatística (CCE).

O Sica e o comércio internacional

Os países-membros do Sica mantêm um intenso volume de comercialização. Somente o Brasil exporta mais de US$ 1 bilhão (FOB) e importa cerca de US$ 400 milhões (FOB).

Em relação às compras, o maior volume de mercadorias é adquirido dos Estados Unidos, ultrapassando os US$ 6,7 bilhões ao ano. As posições seguintes são ocupadas por El Salvador e Honduras. O Brasil, em 2009, importou pouco mais de US$ 340 milhões dos países integrantes do Sica (Brasil, 2011y).

Logística do Sica

Dos países-membros do Sica, os que possuem maior volume de comércio exterior são a Costa Rica, que importa mais de US$ 15,5 bilhões (CIF) e exporta US$ 9,3 bilhões (FOB), e a Guatemala, que importa mais de US$ 12,8 bilhões (CIF) e exporta US$ 5,37 bilhões. A seguir, conheceremos a logística da Costa Rica, que é a mais desenvolvida do bloco (Sica, 2011).

---

* Conheça as demais instituições e comissões no *site* do Sica: <http://www.sica.int>.

⚓ Portos de Limón e Moín

Localizados no litoral leste da Costa Rica, os dois portos estão bem próximos, praticamente geminados. O Porto de Limón é especializado em operações com contêineres e o Porto de Moín recebe, além de contêineres e carga geral, petróleo bruto e derivados. Juntos, os portos movimentam cerca de 80% do comércio internacional da Costa Rica.

A distribuição das mercadorias que chegam a esses portos é feita por rodovias e ferrovias. As rodovias interligam as principais cidades, mas há regiões onde as estradas precisam de reparo. Partindo de Limón ou de Moín, a Rodovia 32 dá acesso à capital de Costa Rica, San Jose, com distância aproximada de 200 km, passando pelo Parque Nacional Bráulio Carillo. Seguindo em frente, após a capital, você tem acesso, pela Rodovia 27, ao litoral oeste, banhado pelo Oceano Pacífico.

A malha ferroviária não é muito extensa, porém há ligações entre os portos e a capital. Partindo de Limón ou de Moín, o percurso ferroviário é de 165 km e, partindo do Porto de Puntarenas ou de Caldera, no litoral oeste, o percurso ferroviário é de 173 km (Autoridad Portuaria del Caribe, 2011a, 2011b).

✈ Aeroporto Juan Santamaria

Nome oficial: Aeropuerto Internacional Juan Santamaria (Aeroporto Internacional Juan Santamaria)
Código Iata: SJO

O maior e mais importante aeroporto do país está localizado na região central da Costa Rica, ao noroeste da capital São José e às margens da Rodovia Pan-Americana, que liga Costa Rica à Nicarágua (Norte) e ao Panamá (Sul). O aeroporto fica a aproximadamente 20 km do centro de São José, percurso que é percorrido em cerca de 30 minutos.

A movimentação de cargas nesse aeroporto vem crescendo ano a ano – em 2000 foram movimentadas 180 mil toneladas e a previsão para 2010 é que sejam movimentadas perto de 300 mil toneladas de cargas (Aeropuertos del Mundo, 2011b).

Mercado Comum do Sul – Mercosul

O Mercado Comum do Sul – Mercosul, união aduaneira, deu seus primeiros passos em 1985, com as negociações comerciais entre Brasil e Argentina, ainda quando esses países estavam no âmbito da Aladi. Mais tarde, uniram-se aos esforços da integração, além de Brasil e Argentina, o Paraguai e o Uruguai. Em 26 de março de 1991, os referidos países assinaram o Tratado de Assunção*, que formula o projeto de criação do bloco.

Com o Tratado de Assunção, os Estados-membros acordaram que ampliariam o comércio entre os países integrantes do bloco, primando pela integração como forma de desenvolvimento econômico e social da região. De acordo com a Comissão Palarmentar Conjunta do Mercosul (Brasil, 2011a), os países-membros do referido bloco:

> Estabeleceram, no preâmbulo do Tratado de Assunção, que a constituição do mercado comum deve pautar-se pelo aproveitamento mais eficaz dos recursos disponíveis, pela preservação do meio ambiente, pela melhora das interconexões físicas e pela coordenação de políticas macroeconômicas de complementação dos diferentes setores da economia.

São Estados-membros do Mercosul o Brasil, a Argentina, o Paraguai e o Uruguai; a Bolívia (associada em 1996), o Chile (associado em 1996), a Colômbia e o Equador, por sua vez, são considerados Estados associados (desde 2004).

Em julho de 2006, foi assinado o Protocolo de Adesão da República Bolivariana da Venezuela ao bloco regional. Em 15 de dezembro de 2009, o Senado brasileiro aprovou a entrada da Venezuela no Mercosul como Estado-membro. No entanto, a adesão do referido país ao bloco ainda depende das deliberações e da autorização por parte do Paraguai em relação ao tema.

---

* Caso você queira acessar o texto integral do Tratado de Assunção e conhecer as providências estabelecidas nesse documento, acesse o seguinte *link*: <http://www.mdic.gov.br/arquivos/dwnl_1270491919.pdf>.

Para saber mais

GUERREIRO, G. Senado aprova entrada da Venezuela no Mercosul. 2009. Disponível em: <http://www1.folha.uol.com.br/folha/brasil/ult96u666908.shtml>. Acesso em: 6 abr. 2011.

Gabriela Guerreiro, do periódico *Folha Online*, contempla as implicações e controvérsias da polêmica adesão da Venezuela ao Mercosul, aprovada, a muito custo, pelo Senado brasileiro.

MERCOSUL

BRASIL
VENEZUELA

São Luís
Brasília
Cuiabá
Cáceres
Manaus
Boa Vista
Porto La Cruz
Caracas
Barcelona
Ciudad Guayana
Porto Cabello
Valência
San Antonio Del Táchira
Barquisimeto
Maracaibo
Ilo

Canal do Panamá
Hidrovia Tocantins-Araguaia
Hidrovia Rio São Francisco
Hidrovia do Rio Madeira

BR116
BR116
BR040

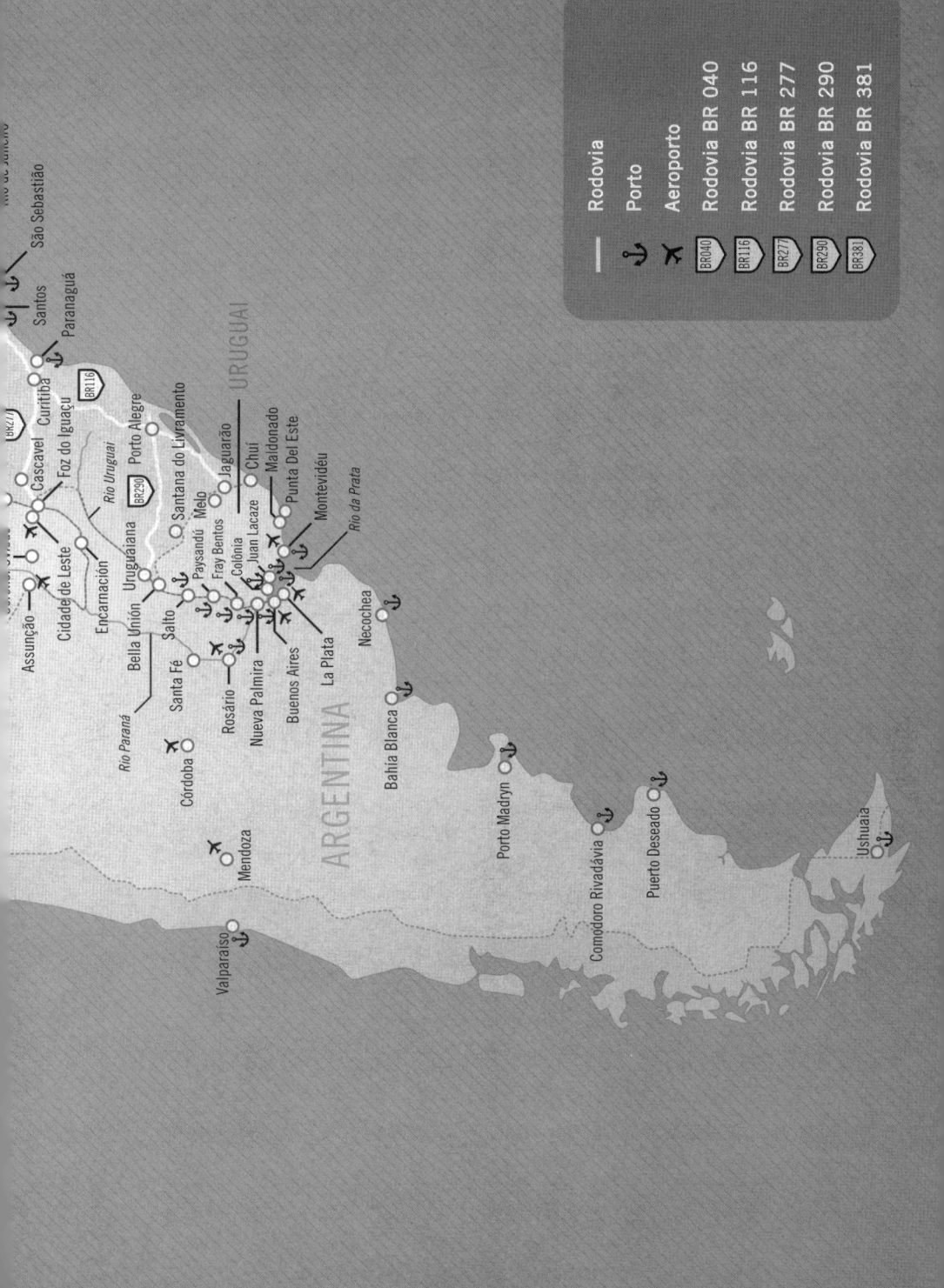

	Rodovia
⚓	Porto
✈	Aeroporto
BR040	Rodovia BR 040
BR116	Rodovia BR 116
BR277	Rodovia BR 277
BR290	Rodovia BR 290
BR381	Rodovia BR 381

São Sebastião
Santos
Paranaguá
Cascavel
Curitiba
BR116
Foz do Iguaçu
BR277
Porto Alegre
URUGUAI
Santana do Livramento
Rio Uruguai
BR290
Jaguarão
Melo
Chui
Maldonado
Punta Del Este
Montevidéu
Rio da Prata
Assunção
Cidade de Leste
Encarnación
Uruguáiana
Paysandú
Juan Lacaze
Fray Bentos
Colônia
Bella Unión
Salto
Santa Fé
Rosário
Nueva Palmira
Buenos Aires
La Plata
Necochea
Rio Paraná
Córdoba
ARGENTINA
Bahia Blanca
Porto Madryn
Comodoro Rivadávia
Puerto Deseado
Mendoza
Valparaíso
Ushuaia

Objetivos do Mercosul

O Mercosul foi concebido com a finalidade de unir os países do Cone Sul americano, integrando e fortalecendo seus mercados.

O art. 1º do Tratado de Assunção define os objetivos do bloco (Brasil, 2010m):

> a livre circulação de bens, serviços e fatores de produção entre os países do bloco; o estabelecimento de uma tarifa externa comum e a adoção de uma política comercial conjunta em relação a terceiros Estados ou agrupamentos de Estados e a coordenação de posições em foros econômico-comerciais regionais e internacionais; a coordenação de políticas macroeconômicas e setoriais entre os Estados Partes; o compromisso dos Estados Partes de harmonizar suas legislações nas áreas pertinentes, a fim de fortalecer o processo de integração.

O Tratado de Assunção prevê ainda (Brasil, 2010m):

> o estabelecimento de programa de liberação comercial, com vistas à aplicação de tarifa zero no comércio intrazona para a totalidade do universo tarifário e a implementação de uma tarifa externa comum. Reconheceu, ainda, a necessidade de que Paraguai e Uruguai cumprissem com o programa de liberação comercial de forma diferenciada. Em observância aos princípios do gradualismo e da flexibilidade, os quatro sócios consideraram importante que a desagravação tarifária ocorresse em velocidade menos intensa para as economias menores do agrupamento.

> O Mercosul caracteriza-se pelo regionalismo aberto. Isso significa que a criação do bloco tem por objetivo não só o incremento do comércio intrazona, mas também o estímulo às trocas com terceiros países.

Como podemos perceber, o próprio Tratado de Assunção, que criou o Mercosul, prioriza a integração, a melhoria de vida e o desenvolvimento regional dos países-membros.

Tarifa Externa Comum (TEC)

Aprovada em 1994, na Cúpula de Ouro Preto, a Tarifa Externa Comum (TEC) surgiu com a finalidade de assegurar que os mesmos produtos de diferentes países paguem as mesmas tarifas de importações, garantindo a concorrência em grau de igualdade entre os Estados-membros do Mercosul (Brasil, 2010l).

Essa tarifa abrange cerca de 10 mil produtos que estão descritos na Nomenclatura Comum do Mercosul (NCM), formada por 8 dígitos e com base no Sistema Harmonizado de Designação e de Codificação de Mercadorias (SH), da Organização Mundial de Aduanas (OMA). O SH permite que um produto seja identificado por meio de uma sequência numérica, padronizada para todos os países (Brasil, 2010l):

> A existência de uma tarifa externa comum contribui para caracterizar o Mercosul como um projeto de integração profunda, que tende à conformação de um espaço econômico ampliado, delimitado por tarifas aplicadas uniformemente a produtos oriundos de terceiros países. A TEC constitui um ativo diplomático sem precedentes para a região e é elemento fundamental para a atuação em bloco nas negociações comerciais com terceiros países ou grupos de países. Por outro lado, sua existência impõe maior disciplina por parte dos Estados Partes, que perdem autonomia na fixação de alíquotas do imposto de importação e na negociação com terceiros países. A TEC, definida em comum, também só pode ser revista de comum acordo pelos países-membros.

A TEC é composta por tarifas com alíquotas gradativas, sempre aumentando em 2 pontos percentuais, conforme o grau de elaboração da cadeia produtiva, buscando proteger cada estágio dessa cadeia. As tarifas vão de 0% até 20%, distribuídas da seguinte forma (Brasil, 2010l):

» 0% a 12% para insumos;
» 14% em média para bens de capital;
» 16% no máximo para bens de informática e telecomunicações;
» 18% a 20% para bens de consumo.

De acordo com o *site* do Ministério das Relações Exteriores destinado ao Mercosul (Brasil, 2010l):

> A administração da TEC é exercida, formalmente, pelo Conselho Mercado Comum (CMC). O CMC, no entanto, delega essa função ao Grupo Mercado Comum (GMC), que implementa, por meio de Resoluções, mudanças pontuais. Permanecem sob responsabilidade do Conselho as mudanças mais significativas na TEC. Os pleitos de alteração da TEC são examinados, em nível técnico, no Comitê Técnico nº 1 da Comissão de Comércio do Mercosul (CCM), e, uma vez realizadas as consultas públicas internas, são elevados à consideração da CCM e aprovados por Resoluções do Grupo Mercado Comum. Internamente, no Brasil, o exame dos pleitos é realizado no âmbito da Câmara de Comércio Exterior (Camex), que também é o órgão incumbido de incorporar as modificações aprovadas ao ordenamento jurídico interno brasileiro, mediante Resoluções.

> **Para saber mais**
> Caso você queira acessar o texto integral que versa sobre os requisitos aplicados aos produtos relacionados na NMC, acesse o *Texto ordenado do regime de origem do Mercosul*, disponível em: <http://www.mercosul.gov.br/normativa/texto-ordenado-do-regime-de-origem-mercosul>. Acesso em: 6 abr. 2011.

Como vimos, a TEC tem o objetivo de padronizar os valores das tarifas aduaneiras entre os países-membros do Mercosul, podendo ser revista e ajustada a qualquer momento. Sempre que houver necessidade, o Grupo do Mercado Comum (GMC) publicará resoluções com as alterações na TEC.

Estrutura do Mercosul

O Mercosul tem sua estrutura dividida em dois órgãos: o Conselho do Mercado Comum (CMC) e o Grupo do Mercado Comum (GMC). Veja um melhor detalhamento a respeito desses órgãos a seguir (Brasil, 2011a):

» Conselho do Mercado Comum (CMC): É responsável pelo processo de integração e pela política do bloco, tomando as decisões que visam cumprir os objetivos estabelecidos no Tratado de Assunção. O CMC é integrado pelos ministros das Relações Exteriores e da Economia dos países-membros, com mandato de 6 meses, com rotatividade definida por ordem alfabética.

De acordo com o art. 10 do Tratado de Assunção (Brasil, 2010m):

> O Conselho é o órgão superior do Mercado Comum, correspondendo-lhe a condução política do mesmo e a tomada de decisões para assegurar o cumprimento dos objetivos e prazos estabelecidos para a constituição definitiva do Mercado Comum.

» Grupo do Mercado Comum (GMC): Órgão coordenado pelos ministros das Relações Exteriores, é responsável pelo cumprimento dos artigos estabelecidos no Tratado de Assunção, executando as decisões do CMC e apresentando propostas concretas ao Programa de Liberação Comercial, além de ser o responsável pelas políticas macroeconômicas e negociações de acordos entre os países-membros do Mercosul. O GMC também é o responsável por estabelecer programas que assegurem o crescimento do bloco, conforme definido no art. 13 do Tratado de Assunção.

O GMC é composto por quatro membros titulares e mais quatro membros alternados pelos países integrantes do bloco, todos representantes de órgãos públicos, como o Ministério das Relações Exteriores, o da Economia e o Banco Central.

Existe ainda a Secretaria Administrativa do Mercosul, com sede em Montevidéu, Uruguai, cuja finalidade consiste em divulgar as atividades do GMC e reunir os documentos referentes ao Mercosul.

Secretaria do Mercosul (SM)

Inicialmente criada para salvaguardar documentos, publicar decisões, coordenar a logística das reuniões, manter os países-membros devidamente informados sobre as ações dos demais membros do Mercosul, essa secretaria era anteriormente denominada de *Secretaria Administrativa do Mercosul* (SAM).

A partir de 2002, por meio da Decisão nº 30/2002* do CMC, a secretaria foi transformada em Secretaria do Mercosul (SM) **, que atua como uma secretaria técnica, contando com uma unidade técnica – o Fundo para a Convergência Estrutural e Fortalecimento Institucional do Mercosul (Focem) – e mais 4 setores de apoio – Setor de Administração; Setor de Apoio; Setor de Assessoria Técnica e Setor de Normativa, Documentação e Divulgação (Mercosul, 2011).

> **Para saber mais**
> MERCOSUL. FOCEM – Fundo para a Convergência Estrutural e Fortalecimento Institucional do Mercosul. Focem – Apresentação. Disponível em: <http://www.planejamento.gov.br/secretaria.asp?cat=156&sub=279&sec=10>. Acesso em: 6 abr. 2011.
>
> Para você se inteirar sobre a SM, acesse esse texto encontrado no *site* do Ministério do Planejamento, Orçamento e Gestão.

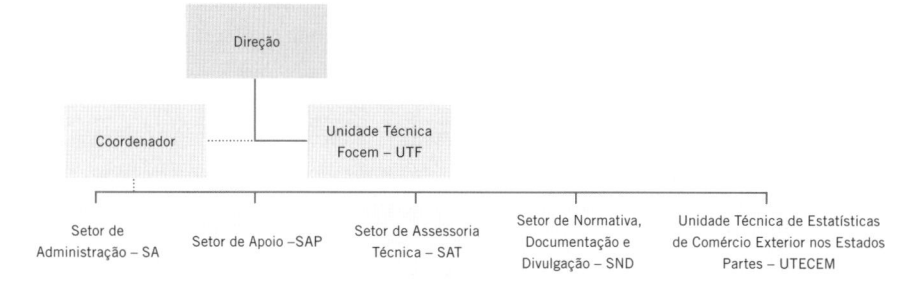

Figura 1 – Organograma estrutural do Mercosul

```
                    Direção
                       |
          ┌────────────┴────────────┐
     Coordenador .............  Unidade Técnica
          |                      Focem – UTF
          |
  ┌───────┼───────┬──────────────┬──────────────┬──────────────┐
Setor de   Setor de Apoio   Setor de        Setor de Normativa,   Unidade Técnica de Estatísticas
Administração   –SAP       Assessoria       Documentação e         de Comércio Exterior nos Estados
  – SA                     Técnica – SAT    Divulgação – SND       Partes – UTECEM
```

Fonte: Mercosul, 2011.

---

* Caso você queira ter acesso ao texto integral da Decisão CMC nº 30/2002, acesse o seguinte *link*: <http://www.mercosur.int/msweb/portal%20intermediario/pt/SM/arquivos/Dec_030_002.pdf>.

** A estruturação da Secretaria do Mercosul é hoje regida pela Decisão CMC nº 07/2007. Caso você queira ler o texto na íntegra desse documento, acesse o seguinte *link*: <http://www.mercosur.int/msweb/portal%20intermediario/Normas/normas_web/Decisiones/PT/2007/DEC%20007-2007_PT_Estrutura%20e%20Funcionamento%20da%20Secretaria.pdf>.

Síntese

Neste capítulo, conhecemos os blocos sul e centro-americanos, com seus países-membros, sua estrutura e seus aspectos comerciais.

Questões para revisão

1. A Asociación Latinoamericana de integración – Aladi (Associação Latino-Americana de Integração) tem por objetivo principal:
   a. promover o desenvolvimento sustentável de seus países-membros
   b. promover a criação de uma área de preferências econômicas na região, objetivando um mercado comum latino-americano.
   c. ampliar as relações dos países-membros com a União Europeia.
   d. abrir novos mercados para seus associados.
   e. duplicar o volume de comercialização dos países-membros com o Brasil.

2. A Asociación de Estados del Caribe – AEC (Associação dos Estados do Caribe), criada em 1994, tem como objetivo:
   a. ampliar o parque industrial dos países-membros.
   b. promover a consulta, cooperação e ação concentrada entre os países-membros com base no aspecto de reforço da cooperação regional e do processo de integração.
   c. promover a integração de seus membros com os demais países do mundo.
   d. promover a criação de uma área de preferências econômicas na região, objetivando um mercado comum latino-americano.
   e. aumentar o comércio dos países-membros com o Mercosul.

3. Sobre a Caribean Community – Caricom (Comunidade e Mercado Comum do Caribe), podemos afirmar:
   I. Tem por objetivo promover a integração econômica e comercial, além da cooperação entre os países-membros.
   II. Fazem parte da Caricom, 16 países, dentre os quais estão Bahamas, Guiana, Haiti, Jamaica e Suriname. Cuba participa como país associado.
   III. Um diferencial da Caricom é que o bloco, além do comércio, se preocupa também com outros aspectos, desenvolvendo projetos nas áreas de saúde, educação, comunicação, meio ambiente e política externa.
   IV. Pelo acordo firmado, os países permitem a circulação de trabalho e capital, além de coordenar a agricultura e a indústria.
   a. Uma alternativa está correta.
   b. Duas alternativas estão corretas.
   c. Três alternativas estão corretas.
   d. Quatro alternativas estão corretas.

4. Como é o comércio entre a Comunidad Andina – CAN (Comunidade Andina) e o Mercado Comum do Sul (Mercosul)?

5. Fale sobre os dois portos mais importantes do Sistema de la Integración Centroamericana – Sica (Mercado Comum Centro-Americano).

Mercosul e o comércio internacional

Conteúdos do capítulo
» Logística de distribuição de mercadorias no Mercosul

Após o estudo deste capítulo, você será capaz de:
1. saber quais são os principais portos, aeroportos, ferrovias e rodovias existentes nos países-membros do Mercosul;
2. saber o tempo médio de viagem de um produto entre os principais portos e as principais cidades dos países--membros do Mercosul.

Neste capítulo, você irá se inteirar do funcionamento do comércio exterior dos países-membros do Mercosul. Para você ter uma ideia do volume do comércio exterior desse bloco, o Brasil exporta US$ 15,8 bilhões (FOB) para os países-membros e importa US$ 13,1 bilhões (FOB) (Brasil, 2011k, 2011u). No decorrer deste capítulo, você verá quais são os principais produtos comercializados entre o Brasil e os demais Estados integrantes desse bloco econômico.

Logística no Mercosul

A partir de agora, você irá conhecer os principais pontos de entrada e saída de mercadorias nos países-membros do Mercosul. Para facilitarmos seu estudo, vamos fazer as análises por países-membros e não pelos modais de transporte, como procedemos anteriormente em relação aos demais blocos econômicos estudados.

Argentina

Iniciaremos os estudos pela Argentina, examinando seu porto principal, localizado na capital do país, Buenos Aires, e, em seguida, observando os aeroportos, ferrovias e rodovias argentinas.

Portos

A Argentina possui diversos portos (14 ao todo) em sua costa, que é banhada pelo Oceano Atlântico e pelos Rios Paraná e La Plata.

A grande maioria dos produtos que chega à Argentina ou sai desse país é transportada por meio de seus portos, sendo os principais os listados a seguir:

- Bahía Blanca;
- Quequén-Necochea;
- Puerto Deseado;
- Comodoro Rivadávia;
- Madryn;
- La Plata-Enseada;
- Ushuaia;
- Porto de Buenos Aires;
- Porto de Rosário.

Conheça nas seções a seguir os dois portos com maior movimento de cargas do país: Porto de Buenos Aires e Porto de Rosário, que possuem localização estratégica no território argentino.

⚓ Porto de Buenos Aires

O Porto de Buenos Aires está localizado no leste da Argentina, contando com acesso direto ao Oceano Atlântico. Por esse porto passam anualmente mais de 12 milhões de toneladas de mercadorias, sendo que quase 10 milhões de toneladas de cargas são acondicionados em contêineres. O porto conta com uma área total de armazenagem de 461.147 m³ e capacidade de embarque de 2.350 toneladas de mercadorias por hora.

O Porto de Buenos Aires tem à sua disposição 60 linhas semanais, operadas por 80 companhias marítimas, que ligam Buenos Aires aos demais portos mundiais, principalmente à Costa Leste dos Estados Unidos e ao norte da Europa, com acesso facilitado pelo Oceano Atlântico, além do Caribe e do Golfo do México. Outras regiões com linhas frequentemente utilizadas são o Mediterrâneo, a Austrália e a Nova Zelândia, opções em que as viagens podem ser realizadas pelo Atlântico, passando pelo sul da África e alcançando o Oceano Índico. O Oceano Pacífico consiste em mais uma alternativa de percurso, contornando-se o extremo sul da Argentina, passando pela região das Ilhas Malvinas.

O Porto de Buenos Aires está localizado a cerca de 5 km da região central da capital argentina, percurso realizado em 15 minutos. Outras regiões da Argentina também são atendidas pelo porto da capital.

Mais adiante, ao estudarmos as rodovias argentinas, você terá oportunidade de conhecer as distâncias e o tempo de viagem entre a capital do país e as principais regiões.

Outra facilidade do porto é sua rede ferroviária, que possui vias com ramais que somam 97 km. A partir de Buenos Aires, essa linha dá acesso às principais regiões do país (Puerto de Buenos Aires, 2011).

⚓ Porto de Rosário

Localizado às margens do Rio Paraná, o mesmo rio que movimenta a Usina Hidrelétrica de Itaipu, o Porto de Rosário é o mais importante do norte argentino, atendendo à região mais industrializada e desenvolvida do país. O porto se encontra estrategicamente localizado no centro do sistema multimodal do país, atendendo não só à Argentina, mas a todo o Cone Sul, sendo fundamental para o acesso de mercadorias por parte do Mercosul.

O Porto de Rosário possui 1.620 m de cais e 30 mil m² de armazéns, estando dividido em três terminais: Terminal 1, Terminal 2 Norte e Terminal 2 Sul. O Terminal 1 movimenta 18 mil TEUs anualmente, além de fertilizantes, materiais siderúrgicos e granéis líquidos. O Terminal 2 Norte é especialista em granéis sólidos e o Terminal Sul 2, por sua vez, é especializado em frutas e açúcar, com uma área de 17 mil m² de armazenagem.

A cidade de Rosário possui um anel viário que permite acesso direto ao porto sem a necessidade de se trafegar pelo centro. A capital argentina, Buenos Aires, está localizada a 300 km de Rosário, com tempo médio de viagem de 3 horas e 30 minutos, seguindo pela Autopista 9, no sentido sul. Seguindo pela *Ruta* 11*, sentido norte, você tem acesso à Santa Fé, distante 180 km de Rosário e com tempo de viagem de aproximadamente 2 horas.

A região de Mendoza, distante quase 900 km, é acessada pela Ruta 8, até Villa Mercedes, e depois pela Autopista 7. O tempo médio de viagem é de quase 10 horas.

O transporte ferroviário também é destaque em Rosário. O porto possui 33 km de ferrovias internas, os quais o dividem em centro e sul, com bitola estreita e larga, contando com acessos diretos aos armazéns e aos pátios.

O transporte fluvial é bastante utilizado, pois o Porto de Rosário está na rota de navegação do Rio Paraná, que se estende desde o Oceano Atlântico até Santa Fé (El Puerto de Rosario, 2011).

* A palavra *ruta* quer dizer "rota". As rotas argentinas e uruguaias são equivalentes às rodovias federais brasileiras.

Perguntas & respostas

O Mercosul é um mercado comum?
Não. O Mercosul, apesar do nome, é uma união aduaneira, pois, além de reduzir as tarifas aduaneiras, estabeleceu a Tarifa Externa Comum (TEC). Porém, não se permite a livre circulação de pessoas entre os países membros do bloco.

Aeroportos

A Argentina possui diversos aeroportos, sendo os principais os de Mendoza, Rosário, Córdoba e La Plata. No entanto, merece ainda maior destaque o principal deles, que é o da capital argentina, Buenos Aires, chamado de *Aeroporto Internacional Ministro Pistarini*, que você verá a seguir.

✈ Aeroporto de Buenos Aires

Nome Oficial: Aeropuerto Internacional Ministro Pistarini (Aeroporto Internacional Ministro Pistarini)

Código Iata: EZE

Também conhecido como *Aeroporto de Ezeiza*, cidade da província de Buenos Aires, o Aeroporto Internacional Ministro Pistarini é o maior e mais importante aeroporto argentino, atendendo a mais de 8 milhões de passageiros, sendo responsável por mais 70% do tráfego aéreo do país.

O Aeroporto de Buenos Aires está localizado a 22 km de Buenos Aires e a 35 km do centro da capital argentina, sendo ligado pela Rodovia AU 1 – 25 de Mayo, também conhecida como *Rodovia Tenente Coronel Ricchieri*. Em pouco mais de 40 minutos de viagem, você pode chegar à capital do país.

A movimentação de cargas é de responsabilidade do Terminal de Cargas Argentina (TCA), que trabalha em uma aérea de 173,4 mil m^2, sendo 60 mil m^2 de área coberta para depósito (TCA, 2011).

As mercadorias que circulam no Aeroporto de Ezeiza são destinadas a todas as regiões do país, principalmente a região da grande Buenos Aires e de Rosário (cujos portos você já estudou).

É possível o envio de produtos para a Argentina a partir de praticamente todos os aeroportos brasileiros. Alguns contam com rotas diretas, como Curitiba, São Paulo e Rio de Janeiro, operadas pelas maiores companhias aéreas nacionais e internacionais. O tempo de viagem não passa de 3 horas para esses voos diretos (Aeropuertos.net, 2011).

✈ Aeroporto de Mendoza

Nome Oficial: Aeropuerto Internacional Gobernador Francisco Gabrielli – El Plumerillo (Aeroporto Internacional Governador Francisco Gabrielli)

Código Iata: MDZ

Um dos principais aeroportos do país, mais conhecido como *El Plumerillo*, o Aeroporto de Mendoza está localizado a 11 km do centro da cidade de Mendoza, trajeto realizado em aproximadamente 20 minutos. Esse é o principal aeroporto do Oeste argentino, atendendo a uma área de mais de 2 milhões de habitantes, segundo a Aeropuertos Argentina 2000 (AA2000, 2011), empresa que administra a maioria dos aeroportos do país (semelhante à Infraero, no Brasil).

A movimentação de cargas é de responsabilidade da empresa TCA, organização anteriormente apresentada, que opera todos os tipos de carga nos principais portos da Argentina*. Assim como ocorre com o Aeroporto de Ezeiza, você também pode chegar a Mendoza a partir de praticamente todos os aeroportos brasileiros. Porém, é necessário fazer conexões nos Aeroportos de Guarulhos (São Paulo) e de Ezeiza (Buenos Aires), o que faz com que a viagem entre Curitiba e Mendoza seja superior a 12 horas. Caso a viagem fosse feita sem escalas ou conexões, o percurso não demoraria mais de 4 horas, partindo-se de São Paulo (Aeropurtos del Mundo, 2011a).

* Para mais informações sobre a movimentação de cargas nos aeroportos argentinos, acesso o *site* da TCA: <http://www.tca.aero/esp/default.asp>.

🚆 Ferrovias

A Argentina possui a maior malha ferroviária da América Latina, com mais de 34 mil km. As linhas são operadas por 6 empresas sob o regime de concessão, assim como ocorre no Brasil. As empresas são: Ferroexpreso Pampeano S.A., Nuevo Central Argentino S.A., Ferrosur Roca S.A., ALL** Central S.A., ALL Mesopotámica S.A. e Belgrano Cargas S.A., que, juntas, transportam mais de 20 milhões de toneladas de cargas.

Para efeito de comparação, vamos relembrar que o território brasileiro ocupa uma área de 8,54 milhões de km² e sua malha ferroviária não chega aos 30 mil km de extensão.

** ALL: América Latina Logística.

Já a vizinha Argentina, com uma área de 2,8 milhões de km², quase 3 vezes menor que o Brasil, tem uma malha ferroviária de mais de 34 mil km.

Mas vale ressaltarmos que a malha ferroviária argentina não é distribuída uniformemente, estando cerca de 75% em menos de um quarto da área do país. As regiões atendidas pelas ferrovias são, além da capital Buenos Aires, Córdoba, Mendoza, Santa Fé e La Pampa, na divisa com o Brasil, no Rio Grande do Sul. A ferrovia sentido oeste, depois de passar por Mendoza, chega à Cordilheira dos Andes e dá acesso ao Chile e ao Peru, no chamado *Trem das Nuvens*, devido à altitude da cordilheira. Também há conexões com o Paraguai, a Bolívia e o Brasil, como citado anteriormente.

Uma das dificuldades encontradas nas ferrovias argentinas é a diferença nas bitolas, sendo que existem 4 medidas em utilização (métrica, larga com 1,6 m, mista com 1,4 m e estreita com 0,75 m), o que dificulta a integração do sistema ferroviário (Brasil, 2011c).

Hidrovias

As vias navegáveis da Argentina são formadas pelos Rios Paraná, Paraguai, Uruguai e La Plata, que, juntas, somam aproximadamente 3 mil km, dos quais 1.240 km estão somente no Rio Paraná.

O transporte hidroviário é utilizado principalmente para abastecer a região nordeste do país e para escoamento da produção dessa região até os portos, que são localizados no sudeste.

A bacia do Rio da Prata atende ao chamado *Cone Sul*, sendo navegável em praticamente toda a sua extensão. A Hidrovia Paraná-Paraguai, subindo o Rio Paraná, permite a ligação da Argentina, desde o Porto de Buenos Aires, passando por Campana, Zárate, Rosário, Santa Fé e Corrientes, até o extremo nordeste do país, chegando a Posadas e logo em seguida a Foz do Iguaçu, no Brasil. Ainda no Rio Paraná, logo após Corrientes, encontram-se as águas do Rio Paraguai, que mais adiante passam por Assunção, contornando todo o Paraguai e chegando ao Brasil, no Mato Grosso do Sul, ligando Campo Grande, Corumbá e Cáceres.

As embarcações que normalmente trafegam pelas hidrovias são barcaças formadas por comboios de balsas, sem motorização própria, movimentadas por barcos chamados de *empurradores*. As barcaças não precisam de grande profundidade para trafegarem, pois geralmente têm o calado inferior a 1 m de profundidade, mas vale ressaltarmos que um rio precisa ter um volume considerável, pois existem períodos de seca nos quais os níveis de água ficam consideravelmente abaixo do normal. A dragagem também ocorre de forma periódica para evitar a sedimentação e acúmulo de areia no fundo dos rios, mantendo a profundidade e evitando que se formem os bancos de areia (Ahipar, 2011).

🚌 Rodovias

A Argentina possui quase 40 mil km de rodovias e mais de 600 mil km de estradas municipais. A capital do país, Buenos Aires, está interligada a todas as regiões do país com boas estradas, sendo algumas pedagiadas. Ao todo são 17 vias com pedágios exploradas pela iniciativa privada.

O transporte rodoviário entre o Brasil e a Argentina, efetuado por empresas de ambos os países, processa-se principalmente por meio da Ponte Uruguaiana-Paso de Los Libres. Em 1997, foi inaugurada a Ponte São Borja-Santo Tomé, sobre o Rio Uruguai. Estima-se em mais 6,2 milhões o número de veículos que formam o parque automotivo argentino, sendo 4,9 milhões de automóveis, 1,3 milhão de veículos de carga e 40 mil para transporte de passageiros.

Partindo de Buenos Aires, passando por Rosário pela Rodovia AU RN 9 e em seguida pela Rodovia RN 9, com 700 km e 8 horas de viagem, chega-se a Córdoba, uma das mais importantes cidades do norte da Argentina, muito conhecida pelos turistas. Outra cidade importante do país, localizada no sudeste de Buenos Aires, é La Plata, com acesso pela Rodovia Local 11, distante 60 km e com tempo médio de viagem de 1 hora. No extremo oeste argentino, localiza-se outra importante cidade, Mendoza. Partindo de Buenos Aires pela Rodovia RA 7, você tem acesso à região de Mendoza, conhecida pelos seus vinhos e localizada próximo à divisa com o Chile, no pé da Cordilheira dos Andes. Mendoza está a pouco mais de 1.000 km de Buenos Aires, com tempo aproximado de 12 horas de viagem. Outra opção para essa região é a utilização do Porto de Valparaíso, no Chile, distante 420 km, com tempo de viagem em torno de 7 horas; porém, a estrada atravessa a Cordilheira dos Andes e, além dos perigos da região, é comumente fechada no inverno em função da neve. Vamos estudar mais sobre a travessia da Cordilheira dos Andes quando falarmos sobre as rodovias argentinas (Brasil, 2011c).

Para saber mais

OLIVEIRA, E. de. Cordilheira: rota rentável e perigosa. Disponível em: <http://www.revistaocarreteiro.com.br/modules/revista.php?recid=286>. Acesso em: 6 abr. 2011.

Essa matéria de Evilazio de Oliveira traz em detalhes todas as agruras do trajeto da Cordilheira dos Andes.

Paraguai

A partir de agora, você entrará em contato com nosso vizinho, o Paraguai. O transporte de mercadorias até o Paraguai é realizado por via terrestre, aérea ou ferroviária, visto que o país não pode ser acessado pelo mar.

Brasil e Paraguai mantêm boas relações comerciais, com um volume considerável de comercialização.

Os principais produtos exportados pelo Brasil ao Paraguai são óleo diesel, adubos e defensivos agrícolas, pneus e tratores. Em 2009, as exportações brasileiras somaram US$ 1,68 bilhão (FOB).

Nas importações feitas do Paraguai, aparecem principalmente trigo, milho e arroz. O volume de importações foi de US$ 585 milhões (FOB) em 2009.

Com isso, o saldo da balança comercial entre Brasil e Paraguai foi superavitário em US$ 1,1 bilhão (FOB), a favor do Brasil (Brasil, 2011l, 2011w).

Nas seções a seguir, você irá conhecer as formas como são realizados os transportes no Paraguai, com suas rodovias, ferrovias, aerovias e hidrovias.

Os principais meios de transporte de cargas no país são as hidrovias, que contornam o Oeste e o Sul, e as rodovias, que atendem à parte central do país.

Rodovias

O Paraguai possui mais de 64 mil km de estradas, mas apenas 4 mil km são pavimentados. Ainda assim, as principais cidades são interligadas por rodovias federais de boa qualidade.

Os principais acessos, partindo-se das diversas regiões brasileiras para as cidades mais importantes do Paraguai, podem ser encontrados a partir de Foz do Iguaçu ou Guaíra, ambos no Paraná, com distância de 470 km, e de Ponta Porã, no Mato Grosso do Sul, cujo acesso é pela BR 463, com distância de aproximadamente 540 km até a capital paraguaia.

Saindo de Curitiba, a distância até a capital paraguaia é de 950 km e o tempo de viagem ultrapassa as 15 horas, pois o melhor acesso é pela BR 277 e a maior parte do trajeto é em pista simples.

Partindo-se de Foz do Iguaçu, o acesso à capital paraguaia, Assunção, é feito pela Rodovia PanAmericana, também chamada de *Ruta* 7, até Coronel Oviedo, em seguida pela *Ruta* 2 até Assunção, numa extensão de 330 km, percurso que leva em torno de 5 horas, devido ao trânsito lento na Ponte da Amizade e em Cidade do Leste, no Paraguai.

A região de Encarnación, no sul do país, é acessada pela *Ruta* 6, partindo-se de Foz do Iguaçu, e pela *Ruta* 1, partindo-se de Assunção.

Outras rodovias importantes do país são as Rodovias Coronel Oviedo e Pedro Juan Caballero, na região norte, e a Rodovia Transchaco, que liga o norte de Assunção até Nova Assunção, na fronteira com a Bolívia (Brasil, 2010i).

🚆 Ferrovias

A malha ferroviária do Paraguai é muito pequena. Segundo informações do Ministério das Relações Exteriores do Brasil (Brasil, 2010i), existem cerca de 400 km de ferrovias no país, sendo que a maior parte é utilizada no transporte de passageiros.

Existe o projeto de construção de um corredor ferroviário bioceânico, chamado de *Paranaguá-Antofagasta*, ligando o Porto de Paranaguá, Paraná ao Porto de Antofagasta, no Chile. A ferrovia dará continuidade à Ferroeste, em Cascavel, Paraná, até Foz do Iguaçu, Paraná. Já em território paraguaio, a ferrovia deverá passar pelo Porto Presidente Franco, seguindo para Santa Rita, Encarnación e Pilar até a conexão com a rede ferroviária argentina em Posadas e Resistência, para então chegar ao território chileno e seguir para Antofagasta (Brasil, 2010i).

Aeroportos

O Paraguai possui cerca de 50 aeroportos devidamente registrados, mas os mais importantes estão localizados em Assunção e em Cidade do Leste; são, aliás, os únicos equipados para receber grandes aeronaves, mas o que mais recebe e opera os voos internacionais é o Aeroporto de Assunção.

✈ Aeroporto de Assunção

Nome oficial: Aeropuerto Internacional Silvio Pettirossi (Aeroporto Internacional Silvio Pettirossi)

Código Iata: ASU

Esse aeroporto se encontra localizado na cidade de Luque, a aproximadamente 10 km do centro de Assunção, com percurso realizado em 20 minutos. É a principal porta de entrada de mercadorias e pessoas no Paraguai, atendendo a toda a região leste do país e com acesso rodoviário às demais regiões, como vimos nos estudos sobre as rodovias. Porém, o volume de cargas transportado por via aérea não é grande, devido ao custo e à dimensão relativamente pequena do país, pois praticamente se atravessa o país, de leste a oeste, em menos de 500 km.

O tempo de viagem até Assunção é de 1 hora e 30 minutos, partindo-se de Curitiba em voo direto, e de 2 horas de São Paulo (Brasil, 2010i).

🚢 Hidrovias

O transporte fluvial é o mais importante do país e conta com uma rede de mais de 3 mil km de rios e canais. O sistema, que faz parte da Hidrovia Paraná-Paraguai, liga a capital paraguaia às regiões norte e sul e também aos países vizinhos.

Partindo do Porto de Assunção e seguindo para o Sul, você tem acesso ao Uruguai e à Argentina, passando por Santa Fé e Rosário, sempre pelo Rio Paraná, até chegar ao Porto de Buenos Aires.

Seguindo no sentido norte, pelo Rio Paraguai, você pode chegar a Concepción e, posteriormente, ao Brasil, passando por Corumbá, no Mato Grosso, chegando a Cuiabá ou Cáceres.

Embora o Paraguai não possua ligação direta com o oceano, curiosamente existe a Marinha do Paraguai, que serve para patrulhar os rios que fazem divisa com o país, como é o caso do Rio Paraguai, a oeste do país, e do Rio Paraná, ao sul (Brasil, 2010i).

Uruguai

Agora vamos conhecer o Uruguai, país vizinho ao Brasil, que faz fronteira com o sudoeste do Estado do Rio Grande do Sul. O oeste do Uruguai faz divisa com a Argentina. Nesse caso, esses dois países são separados pelo Rio Uruguai, que, no extremo sul, ao se encontrar com as águas do Rio Paraná, torna-se o Rio de La Plata. Ao sudeste, o país é banhado pelo Oceano Atlântico.

Brasil e Uruguai mantêm boas relações comerciais: em 2009, o volume de exportações brasileiras ao país vizinho foi da ordem de US$ 1,36 bilhão (FOB). Os principais produtos exportados são combustíveis, automóveis, equipamentos para telefonia celular e carne suína.

As importações feitas pelo Brasil somaram US$ 1,24 bilhão (FOB) e os principais produtos vindos do Uruguai são trigo, arroz e malte (Brasil, 2011a').

A proximidade com o Brasil facilita consideravelmente o comércio entre os dois países, principalmente entre os Estados da Região Sul, que transportam os produtos por terra. Já para os estados mais distantes, passa a ser viável o transporte marítimo, visto que os dois países são banhados pelo Oceano Atlântico (Brasil, 2010j).

Nas seções a seguir, iremos nos concentrar no transporte no Uruguai como um todo, mesmo que a maior parte desse transporte seja realizada principalmente por rodovias, posto que o país é pequeno, possuindo pouco mais de 176 mil km². Para que possamos comparar, o Estado do Paraná possui mais de 199 mil km².

As principais cidades são Montevidéu e Maldonado, no sul, e Salto e Paysandú, no oeste do país. Conheça a seguir as vias de acesso entre essas cidades, seus portos e aeroportos, bem como os transportes ferroviário e hidroviário (Global 21, 2011b).

Rodovias

As rodovias do Uruguai somam cerca de 8 mil km, atendendo praticamente a todas as regiões do país.

Partindo da capital uruguaia, Montevidéu, em um percurso de 180 km pela *Ruta 1*, sentido oeste, você pode chegar à cidade de Colônia, que está exatamente em frente à capital argentina, Buenos Aires, sendo separadas pelo Rio de La Plata. A *Ruta 1* também dá acesso às *Rutas 2, 3 e 5*. A *Ruta 2* liga Montevidéu a Fray Bentos, distante 310 km. Próximo a Fray Bentos existe uma ponte sobre o Rio Uruguai, ligando o país à Argentina, na *Ruta* Argentina 14, que ao sul dá acesso a Buenos Aires. A *Ruta 3* interliga a capital uruguaia com o oeste e o noroeste do país, passando por Paysandú, que está localizada a 380 km da capital. Seguindo adiante, a *Ruta 3* leva a Bella Unión, divisa com Rio Grande do Sul, no Brasil, a partir de onde se transforma na BR 472, chegando a Uruguaiana, Rio Grande do Sul. Já a *Ruta 5* atravessa o país verticalmente, ligando Montevidéu a Santana do Livramento, no mesmo estado brasileiro, com distância de 500 km.

De Montevidéu você também tem acesso às *Rutas* 8 e 1 Leste. A *Ruta 8* liga o nordeste do país, chegando até Melo, a 390 km. A partir daí, seguindo pela Rodovia 26, você chega a La Chuchilla, que já faz divisa com a cidade de Jaguarão, no Rio Grande do Sul, onde nasce a rodovia brasileira BR 116. Já pela *Ruta 1*, no sentido leste, você pode alcançar a *Ruta 9*, também chamada de *Interbalneária*, que passa por Maldonado, Punta Del Este e, após passar por La Coronilla, chega-se ao Chuí, primeira cidade brasileira no extremo Sul, distante a 340 km.

Com esses acessos rodoviários a todas as regiões, os importadores uruguaios preferem utilizar o transporte rodoviário para as mercadorias que saem do Brasil, pois assim agilizam as entregas porta a porta e reduzem custos com as tarifas portuárias (Brasil, 2010j).

🚊 Ferrovias

O Uruguai possui 1.640,9 km de ferrovias, que estão sob a responsabilidade da Administración de Ferrocarriles del Estado – AFE (Administração Ferroviária do Estado), estatal que administra a malha ferroviária desde 1952 (AFE, 2011a; Brasil, 2010j).

A rede ferroviária é composta por seis linhas, conforme segue (AFE, 2011a):

» Zona Metropolitana: É formada por 35,6 km de extensão. Parte do Porto de Montevidéu, atravessa a capital e faz a ligação com as Linhas Riviera, Minas e Rio Branco.
» Linha Riviera: Com 556,3 km, faz a ligação entre Montevidéu e Riviera até Santana do Livramento, no Brasil. Essa linha atravessa o país no sentido vertical, paralelamente à *Ruta* 5.
» Linha Minas: Possui 102 km de extensão, ligando Montevidéu à cidade de Minas, no sudeste uruguaio.
» Linha Rio Branco: Com extensão de 434 km, liga a capital à cidade de Rio Branco, no litoral nordeste do país.
» Linhas do Litoral: São formadas pela Linha Salto e Tramo Palma Sola-Fray Bentos, totalizando 513 km de extensão.
» Linha Salto: Com 314 km, faz ligação com a Linha Riviera, partindo do entroncamento na cidade de Chamberlain, região central do país, e vai até Salto Grande, no Noroeste, fazendo ligação com a Argentina, onde há ferrovias para a região de Encarnación e Posadas ao norte, Paraná, próximo a Santa Fé, e Buenos Aires, ao sul. Por essa linha, você também tem acesso ao Paraguai. O Tramo Palma Sola-Fray Bentos, com 199 km, faz a ligação entre a Linha Salto e a cidade de Fray Bentos, também no oeste uruguaio.

Os principais produtos transportados pelas ferrovias uruguaias são contêineres, produtos agrícolas, combustíveis e granéis industriais. Para o Brasil, os principais produtos transportados são o malte e a cevada, pela Linha Riviera, passando por Santana do Livramento, com conexões para Porto Alegre e Curitiba.

Aeroportos

Dos aeroportos uruguaios, o mais importante está localizado na capital do país, Montevidéu. Ele atende a mais de 50% do movimento aéreo do país. A seguir, conheceremos mais sobre esse aeroporto.

✈ Aeroporto Internacional de Carrasco

Nome oficial: Aeropuerto Internacional de Carrasco (Aeroporto Internacional de Carrasco)

Código Iata: MVD

Localizado a cerca de 20 km de Montevidéu, esse é o principal aeroporto do país, recebendo a maioria dos voos nacionais e internacionais. O aeroporto foi reformado recentemente e é um dos mais modernos dos aeroportos latinos. Por ele passam mais de 2 milhões de passageiros anualmente, sendo que o novo terminal tem capacidade para atender a 4,5 milhões de passageiros por ano.

Do Aeroporto de Carrasco partem voos para as principais cidades do mundo, entre elas Madri, Miami e São Paulo. Os voos são operados principalmente pela Companhia Uruguaia Pluna, que atende a todo o território nacional e também realiza voos internacionais. Partindo de qualquer região do Brasil, você pode chegar a Montevidéu, fazendo conexão no Aeroporto de Guarulhos, em São Paulo. As companhias brasileiras com voos para o Uruguai são a TAM, a Gol e a Sol Linhas Aéreas. O tempo médio de viagem entre São Paulo e Montevidéu é de 2 horas e 30 minutos; partindo-se de Porto Alegre, o tempo é de 1 hora e 15 minutos (Aeropuerto de Carrasco, 2011).

Portos marítimos e fluviais

O Uruguai possui sete portos sob responsabilidade da Puertos Comerciales del Uruguay – ANP (Administração Nacional de Portos), que são os principais do país. De três portos partem navios que navegam por oceanos e dos demais partem embarcações que navegam pelas hidrovias. Os portos são os descritos a seguir (ANP, 2011):

Porto de Montevidéu

Localizado ao sul da capital uruguaia, esse porto movimenta anualmente perto de 700 mil TEUs e mais de 9 milhões de toneladas de mercadorias, em navios com calado de até 10 m. As mercadorias que chegam a esse porto ou dele partem são transportadas para todas as regiões do país, utilizando-se as rodovias e ferrovias que já examinamos anteriormente.

Porto de Colônia

Localizado no Rio de La Plata, a 180 km ao oeste de Montevidéu e exatamente em frente de Buenos Aires, esse porto é o segundo mais importante do país, atendendo a uma região de 115 mil habitantes. A frequência diária das linhas que ligam Colônia a Buenos Aires transportam, além de mercadorias, pessoas e veículos. O Porto de Colônia possui dois cais: o primeiro tem 146 m de comprimento, atendendo aos navios ultramares, ou seja, aqueles que navegam pelo mar. O segundo cais conta com 200 m de comprimento e atende somente à cabotagem. Esse porto movimenta quase 115 mil toneladas de mercadorias anualmente, sendo que 67% das movimentações são de importações, 19% de exportações e 14% de mercadorias em trânsito, para cabotagem.

Porto de Juan Lacaze

Também chamado de *Puerto Sauce*, esse porto está localizado nas águas do Rio de La Plata, a 35 km ao leste de Colônia. Esse porto atende principalmente às rotas para o Mercosul, com barcaças que trafegam pelas hidrovias da região. Seu cais tem 98 m de comprimento e o calado é de 3,5 m, o que torna possível somente as operações com balsas para transporte de veículos e as barcaças para o transporte fluvial. O Porto de Juan Lacaze movimenta mais de 330 mil toneladas de mercadorias anualmente, das quais 54% são de carga geral, transportadas por balsas, e 46% são de granéis líquidos, principalmente combustíveis.

⚓ Porto de Paysandú

Localizado no oeste do Uruguai, na região produtora de madeira, cereais, cítricos e cimento, o porto está a 380 km de Montevidéu e movimenta cerca de 40 mil toneladas de mercadorias anualmente. O porto possui dois terminais, um com 100 m de extensão e calado de 6,60 m, possibilitando o acesso de navios maiores, que seguem para o mar. O segundo terminal, utilizado para cabotagem, tem 300 m de comprimento e 4 m de calado, sendo utilizado por barcaças. É atendido pelo ramal ferroviário Línea Salto, que dá acesso a todas as regiões do país, principalmente à região de produção agrícola. Pelo modal rodoviário, o Porto de Paysandú está ligado pela *Ruta* 3 e pelas Rodovias 24, 26 e 90.

⚓ Porto de Nueva Palmira

Localizado na cidade de Nueva Palmira, sudeste do Uruguai, esse porto movimenta mais de 900 mil toneladas de mercadorias todos os anos em seus dois terminais. Um terminal é operado pela ANP e o outro, privado, é operado pela Corporación Navíos S.A. O porto também é um ponto de transbordo de soja, combustíveis e calcário.

⚓ Porto de Fray Bentos

Localizado no oeste do país, a 320 km de Montevidéu e a 90 km de Nueva Palmira, o porto movimenta cerca de 55 mil toneladas anualmente, sendo principalmente de madeira e cevada. Esse porto tem excelentes ligações rodoviárias por meio da *Ruta 2*, que o interliga com as demais rodovias. Também possui ótimo acesso ferroviário, ligando as zonas de produção de madeira e todo o restante do país.

⚓ Porto de Salto

Localizado no noroeste uruguaio, possui divisa com a Argentina e está a 500 km de Montevidéu. O porto atende à costa noroeste do país, fazendo a ligação com a Argentina, transportando principalmente passageiros. A cidade de Salto é ligada pela *Ruta 3*, que liga o sul ao extremo noroeste do Uruguai, chegando até Uruguaiana, Rio Grande do Sul, no Brasil. Pela Rodovia 26, você tem acesso a Santana do Livramento, Rio Grande do Sul. O ramal ferroviário Línea Salto interliga o Porto de Salto a todas as regiões do país, além da Argentina e do Brasil.

Concluímos nossos estudos sobre o Uruguai. Agora que já conhecemos melhor a logística do país vizinho, daremos continuidade ao nosso aprendizado. A seguir, você conhecerá a Venezuela.

Venezuela

A República Bolivariana da Venezuela ainda é considerada como associada ao Mercosul, enquanto não há decisões quanto ao ingresso do país como Estado-membro no referido bloco, assunto que ainda gera muitas discussões e controvérsias. Em dezembro de 2009, o Congresso brasileiro aprovou seu ingresso no Mercosul, faltando a aprovação por parte do Paraguai, que esperava a decisão brasileira para votar. O Brasil exporta para a Venezuela aproximadamente US$ 3,5 bilhões (FOB), sendo os principais produtos exportados carnes, açúcar e equipamentos de telefonia celular. Já as importações ficam perto dos 750 milhões (FOB), sendo importados principalmente petróleo e derivados e também energia elétrica (Brasil, 2011b').

Conheça mais sobre a logística empregada no comércio entre Brasil e Venezuela estudando os modais de transporte desse país que faz fronteira com o Brasil ao sul, com a Guiana Francesa a leste, com a Colômbia a oeste, tendo o norte banhado pelo Oceano Atlântico.

Rodovias

A Venezuela possui uma malha rodoviária de pouco mais de 86 mil km, dos quais 30 mil km são pavimentados e, desses, 4 mil km são de autopistas. A grande maioria dos transportes é feita por terra, estimando-se que esse percentual chegue a 99%. Em sua maioria, as rodovias foram construídas nos anos 1960 e 1970 e recebem poucos investimentos em manutenção. Em virtude do grande volume de veículos em circulação, motivado principalmente pelos subsídios da gasolina oferecidos pelo governo federal, as estradas venezuelanas padecem de sérios problemas estruturais (Brasil, 2010k).

As rodovias se concentram na parte norte da Venezuela, ligando as principais cidades do país. No sul praticamente não existem rodovias e no sudeste a *Ruta* 10 faz ligação com o Brasil, passando pela região de Ciudad Guayana, encontrando-se com a BR 174 até Manaus, Estado do Amazonas, passando por Boa Vista, Roraima. Essa é a única ligação do Brasil com a Venezuela por rodovia federal, visto que essa é a região da Floresta Amazônica.

Partindo da capital venezuelana, Caracas, que está localizada no norte do país, você tem acesso à segunda maior cidade, Valência, pela *Ruta* 1, que corta toda a parte leste do país, sendo nesse ponto chamada de *Autopista Caracas-Valência*. Seguindo ainda pela *Ruta* 1, você chega a Porto Cabello, trecho no qual a rodovia é chamada *Autopista Valencia-Puerto Cabello*, que, seguindo no sentido oeste, também liga a cidade de Barquismeto, no noroeste do país. A *Ruta* 1 também dá acesso à *Ruta* 7, chamada de *Trasandina*. Essa estrada também sai de Caracas e, após 1.500 km, você se encontra em San Antonio Del Táchira, podendo atravessar os Andes Venezuelanos, fazendo a ligação com a Colômbia.

Ao leste de Caracas, existe a *Ruta* 9, que faz a ligação com toda a costa nordeste do país, região das praias do Caribe, ligando a capital à cidade de Porto La Cruz, chegando ao extremo norte venezuelano.

Ferrovias

Atualmente, a Venezuela possui apenas 240 km de ferrovias, que atendem às regiões de Barinas, Barquisimeto e Porto Cabello. Mais 434,8 km de linhas estão em construção, em dois sistemas, Central e Ocidental. O Sistema Central conta com duas linhas: Tramo Caracas-Tuy Médio, com 40 km, e Tramo Puerto Cabello-La Encrucijada, com 108,8 km. Já o Sistema Ocidental tem três linhas: reconstrução dos Tramos de Puerto Cabello-Barquisimeto, com 173 km, Tramo Yaritagua-Acarigua, com 67 km, e Tramo Acarigua-Turén, com 46 km.

Segundo o governo venezuelano, existe um plano ferroviário nacional para a construção de 4 mil km de ferrovias em 20 anos. A proposta é interligar toda a região norte do país, além de instaurar duas ligações com a Colômbia, interligando a Comunidade Andina (CAN), e outras duas ligações com o Brasil, pelo Estado do Amazonas (Venezuela, 2010).

Perguntas & respostas

A Venezuela é um país-membro do Mercosul?
A República Bolivariana da Venezuela ainda é um Estado-membro, porém, desde 2009, tramita o processo de adesão desse país como membro do bloco, mas ainda depende de deliberações e autorização de outros países-membros.

⚓ Portos

A Venezuela possui vários portos, visto que toda a fronteira norte do país é banhada pelo Mar do Caribe, com acesso direto ao Oceano Atlântico, além da proximidade com o Canal do Panamá, para acessar o Oceano Pacífico nas viagens com destino à Ásia e ao Oriente.

Os principais portos do país, segundo o governo venezuelano, são (Venezuela, 2010):

» Porto Cabello;
» Porto do Litoral Central;
» Porto de Macaraibo;
» Porto Ordaz;
» Porto de Anzoátegui;
» Porto Pesqueiro Internacional de Guiria;
» Porto Internacional de El Guamache.

O Porto Cabello é o mais importante do país e está localizado na cidade de mesmo nome. As mercadorias que circulam no Porto Cabello têm fácil acesso ao interior do país, pois nessa região existem boas estradas que fazem a ligação entre as principais cidades venezuelanas. O porto ocupa uma área de quase 11 ha, sendo que a metade é destinada ao pátio principal. Além disso, o Porto Cabello é líder em operações com contêineres, sendo capaz de movimentar 40 unidades por hora e o tempo médio de espera de um caminhão no porto é de 25 minutos.

Você acha que o volume de contêineres movimentados por hora é alto? Para você ter uma ideia, no Porto de Paranaguá, um grupo formado por 7 armadores, são movimentados de 400 a 690 contêineres por dia, com destino aos portos do Mediterrâneo. Isso significa que somente esse grupo chega a movimentar 29 unidades por hora, considerando-se 24 horas de trabalho.

O transporte fluvial é bastante utilizado no país, principalmente para o escoamento de minério de ferro para exportação. Existem cerca de 4.500 km de rios navegáveis, destacando-se a navegação no Rio Orinoco, com 1.670 km de extensão, seguido pelos Rios Caroni e Caura, com 800 km e 750 km de extensão, respectivamente (Brasil, 2010k; World Port Source, 2011).

Aeroportos

Atualmente, existem na Venezuela mais de 60 aeroportos e pistas de aterrissagens, sendo que 11 aeroportos são internacionais. Partindo dos diversos aeroportos existem 27 linhas, entre as nacionais e internacionais. Entre os principais aeroportos do país estão o Aeroporto Internacional Simon Bolívar, em Caracas, o Aeroporto General José Antônio Anzoátegui, em Barcelona, e o Aeroporto Internacional La Chinita, em Maracaibo (Brasil, 2010k). Veja a seguir as especificidades do Aeroporto de Caracas, o mais importante da Venezuela.

✈ Aeroporto de Caracas

Nome oficial: Aeropuerto Internacional Simon Bolívar (Aeroporto Internacional Simon Bolívar)
Código Iata: CCS

É também chamado de *Aeroporto de Maiquetía*, por estar localizado nessa cidade, a 26 km ao norte de Caracas. Partindo-se do aeroporto, o trajeto até Caracas é feito pela *Ruta 2*, em aproximadamente 30 minutos.

Pelo Aeroporto de Maiquetía passam mais de 7 milhões de passageiros anualmente e são movimentadas mais de 35 mil toneladas de cargas todos os anos, em cerca de 130 mil pousos e decolagens anuais.

Desse aeroporto partem voos para todas as regiões do mundo, principalmente para os países do Caribe, Estados Unidos, Europa e Brasil. Você pode chegar a Caracas partindo de praticamente todos os aeroportos brasileiros, sendo necessário fazer conexão no Aeroporto Internacional de Guarulhos, em São Paulo. Partindo-se de São Paulo, o tempo de voo é de 4 horas e 30 minutos até Caracas. Das demais cidades, o tempo varia de acordo com a conexão (Iaim, 2011; Venezuela, 2010).

Terminamos os estudos sobre a Venezuela, país com o qual o Brasil mantém boas relações comerciais. Em um futuro não muito distante, a Venezuela também fará parte do Mercosul, como país-membro.

Bolívia, Chile, Colômbia e Equador

Esses quatro países são associados ao Mercosul: a Bolívia e o Chile se associaram em 1996, e a Colômbia, por sua vez, associou-se com o Equador em 2004. O comércio entre os países-membros e os países associados é bastante intenso, até mesmo pela proximidade geográfica entre eles. O Brasil mantém boas relações comerciais com esses países, importando deles principalmente gás natural, derivados de cobre e alimentos. Quanto às exportações do Brasil para esses países, os principais produtos negociados são aço, carros e diesel.

Saiba mais sobre a logística desses países, com os principais pontos de entrada e saída de mercadorias, nas seções a seguir. Iniciaremos pela Bolívia e, na sequência, trataremos de Chile, Colômbia e Equador.

🚚 Rodovias

A partir de agora, você conhecerá um pouco da situação das rodovias dos países associados ao Mercosul, que, além de comercializarem com o Brasil, também servem de rota para os portos do Pacífico.

» **Bolívia**: O país possui mais de 60 mil km de estradas, mas apenas 7% destas, pouco mais de 4 mil km, são pavimentadas, 30% são cascalhadas e o restante encontra-se sem pavimentação. Existem corredores de integração ligando o norte ao sul e o leste ao oeste do país. O Corredor de Integração Leste-Oeste liga o Brasil ao Peru e no Chile, passando pelas principais cidades bolivianas. O acesso a partir do Brasil é feito pela BR 262, em Corumbá, Mato Grosso. Já na Bolívia, a primeira cidade é Puerto Suárez, passando por Santa Cruz de la Sierra e Cochabamba, interligando a capital boliviana, La Paz, à região dos Andes Bolivianos, chegando ao Porto de Arica, Chile. Essa rodovia, além de levar produtos do Brasil para a Bolívia, também serve de corredor de transporte dos produtos brasileiros para o norte do Chile ou para exportação, via Porto de Arica. Existe ainda o Corredor de Integração Oeste-Norte, que se liga à BR 421, em Rondônia, atravessando o norte da Bolívia e chegando ao Peru. Existem ainda outros dois corredores: Norte-Sul e Oeste-Sul. O primeiro liga Trinidad, ao norte, à Yacuiba, na divisa com a Argentina, passando por Santa Cruz de la Sierra; o segundo liga a Bolívia com o Peru, o Chile e a Argentina, na região de Bermejo, extremo sul boliviano (Brasil, 2010e).

» **Chile**: Com aproximadamente 80 mil km de estradas, conta com cerca de 14 mil km pavimentados. Devido à sua estrutura física, as rodovias são construídas principalmente no sentido norte-sul, sendo que a principal é a Rodovia Internacional Pan-Americana, na divisa com o Peru até Puerto Montt, no extremo sul do país. As várias estradas, principais e secundárias, interligam as áreas rurais e industriais aos portos chilenos mais importantes. Há também a Rodovia Internacional, que liga o Porto de Valparaíso à Argentina e ao Brasil, atravessando a Cordilheira dos Andes, como vimos ao estudarmos as rodovias argentinas. Vale relembrarmos que entre os meses de maio e setembro pode ocorrer o fechamento da estrada, devido à neve na Cordilheira dos Andes (Brasil, 2010f).

» **Colômbia**: O país conta com quase 170 mil km de estradas, localizadas principalmente na costa oeste do país, visto que a região leste, que faz divisa com o Brasil, é a menos desenvolvida industrialmente, além de abrigar a Floresta Amazônica colombiana. Partindo da capital colombiana, Bogotá, existem boas estradas interligando as principais cidades colombianas – Medellín, Cali, Barranquilla, Cartagena etc. O transporte rodoviário é responsável por mais de 70% da movimentação de cargas na Colômbia (Brasil, 2010g).

» **Equador:** Existem nesse país duas rodovias principais, ligando o Norte ao Sul. A primeira é a Rodovia Pan-Americana, com 1.400 km pela região dos Andes, ligando a fronteira com o Peru, da cidade de Tulcán até a fronteira com a Colômbia, na cidade de Maracá. A segunda liga a região da capital à cidade portuária de Guayaquil, onde está o principal porto do país (Brasil, 2010h).

Ferrovias

O transporte ferroviário dos países analisados é bastante utilizado e em alguns desses países a malha ferroviária tem extensão semelhante à da malha rodoviária.

» **Bolívia:** O país possui aproximadamente 3.700 km de ferrovias. Note que a dimensão da malha ferroviária é muito semelhante à das rodovias pavimentadas. A malha está dividida em duas redes: Rede Ocidental e Rede Oriental. Veja a seguir uma pequena descrição das redes anteriormente citadas (Brasil, 2010e):

» Rede Ocidental: É composta por três estações fronteiriças:
  » Villazón, que faz a ligação com o sistema ferroviário da República Argentina e chega até Buenos Aires;
  » Charaña, que oferece o serviço internacional até a cidade de Arica, no Chile;
  » Avaroa, que faz a conexão do serviço internacional até a cidade de Antofagasta, no Chile.

» Rede Oriental: Possui estação central na cidade de Santa Cruz e uma extensão de 1.421.010 km, sendo composta pelas seguintes estações fronteiriças:
  » Corumbá, que se liga ao Brasil e que chega até o Porto de Santos no Oceano Atlântico, servindo também de ligação com a estação do Porto Quijarro;
  » Yacuiba, que se conecta com a via férrea argentina de Pocitos a Perico, onde se liga com a linha que chega até Buenos Aires.

» Chile: A malha rodoviária desse país conta com aproximadamente 6 mil km de extensão; 38% pertencem ao Estado e o restante está sob concessão privada. A malha ferroviária interliga as principais regiões do país e os principais portos. Existe ainda uma linha que liga o Chile à Argentina, atravessando a Cordilheira dos Andes, o chamado *Trem das Nuvens*, porém essa linha enfrenta problemas no inverno, devido às nevascas que fecham o acesso. Existe um projeto de melhoria do transporte de cargas entre os dois países, com uma linha férrea que atravessaria os Andes através de um túnel de baixa altitude* (Brasil, 2010f).

* Caso você queira saber mais sobre esse projeto, acesse o *link*: <http://www.capitalregional.cl/content/view/458242/Corredor-bioceanico-unira-Valparaiso-con-Buenos-Aires.html>.

» Colômbia: O transporte ferroviário é pouco utilizado no país. São cerca 3.300 km de ferrovias, mas somente 1.660 km são utilizados, com pouca manutenção. O principal produto transportado pelas ferrovias é o carvão, correspondendo a 99% das mercadorias transportadas. O número de pessoas que utilizam esse modal também é bastante reduzido: cerca de 180 mil pessoas no ano (Brasil, 2010g).
» Equador: A malha ferroviária do país não chega aos 1.400 km, pois com o desenvolvimento das rodovias o modal ferroviário foi sendo abandonado gradativamente, restando apenas algumas linhas turísticas e atendendo a região da serra, entre Quito e Guayaquil (Brasil, 2010h).

✈ Aeroportos

Não são muitos os aeroportos disponíveis nos países que estamos analisando, pois a extensão destes também não é muito grande. Mas os aeroportos são capazes de atender praticamente a todas as regiões, facilitando o acesso por via terrestre.

Veja a seguir uma descrição do modal aéreo disponível na Bolívia, no Chile, na Colômbia e no Equador.

» Bolívia: Os maiores aeroportos estão localizados nas principais cidades bolivianas, La Paz, Cochabamba e Santa Cruz de La Sierra.
  » O Aeropuerto Internacional El Alto – Código Iata: LPB (Aeroporto Internacional de El Alto), localizado na capital boliviana, La Paz, é o mais importante do país, atendendo a cerca de 1 milhão de passageiros anualmente. Porém, vários voos internacionais optam por operar no Aeropuerto Internacional Viru Viru – Código Iata: VVI (Aeroporto Internacional Viru Viru), em Santa Cruz de La Sierra, visto que o Aeroporto de La Paz está localizado em uma região alta e com certa dificuldade de operação em virtude da proximidade com a Cordilheira dos Andes. A altitude proporciona principalmente desconforto aos passageiros, devido à baixa pressão atmosférica (Sabsa, 2011a, 2011b).

» **Chile:** Dos aeroportos chilenos, os mais representativos estão localizados na capital chilena, Santiago, e também em Arica, Antofagasta, Concepción e Puerto Montt. O principal deles é o Aeroporto de Santiago, cujo nome oficial é *Aeropuerto Internacional Comodoro Arturo Merino Benítez* – Código Iata: SCL (Aeroporto Internacional Comodoro Arturo Merino Benítez), que atende a quase 10 milhões de passageiros anualmente. O tempo médio de voo entre São Paulo e Santiago é de 4 horas de viagem. Outras cidades dependem de conexões no Aeroporto de Guarulhos (SCL, 2011).

» **Colômbia:** Os principais aeroportos do país estão localizados na capital do país, Bogotá, bem como em Cali, Medellín, Barranquilla e Cartagena. Em Bogotá, El Nuevo Dorado Aeropuerto Internacional – Código Iata: BOG (Aeroporto Internacional El Nuevo Dorado) conta com cerca de 5 milhões de passageiros anualmente e movimenta quase 500 milhões de toneladas de mercadorias. O tempo médio de voo entre São Paulo e Bogotá é de 5 horas de viagem (BOG, 2011).

» **Equador:** Os maiores aeroportos do país estão localizados na capital, Quito, e em Guayaquil. O principal, em Quito, cujo nome oficial é *Aeropuerto Internacional Mariscal Sucre* – Código Iata: UIO (Aeroporto Internacional Marisca Sucre), está localizado dentro da cidade, a 5 km do centro. O aeroporto está saturado e está em construção um novo aeroporto, maior e mais moderno. A conclusão do projeto está prevista para 2010 e o início das operações para 2011. O tempo médio de viagem entre São Paulo e Quito é de 7 horas, variando com as escalas e as conexões (Corpaq-Quito, 2011).

⚓ Portos (marítimos e fluviais)

Dos países associados, somente a Bolívia não possui acesso ao mar, utilizando os portos dos países vizinhos, mas o transporte fluvial é bastante utilizado nesse país. Veja a seguir um detalhamento dos portos dos quatro países analisados neste capítulo.

» **Bolívia:** O transporte fluvial é muito utilizado no país, principalmente na região nordeste, chamada de *Região Amazônica da Bolívia*; para muitas localidades, o tráfego pelos rios é o único meio de transporte. O país também se beneficia da Hidrovia Paraná-Paraguai, já vista anteriormente, por onde escoa boa parte de sua produção, principalmente de oleaginosos. No Noroeste boliviano, está o Lago Titicaca, o lago navegável mais alto do mundo, localizado no alto da Cordilheira dos Andes e na divisa com o Peru, a 3.809 m acima do nível do mar. A navegação no lago atende a toda a região, permitindo ainda o transporte de mercadorias em barcos de grandes calados, pois a profundidade média é de 160 m, chegando até a 220 m (Brasil, 2010e).

» **Chile:** A Costa Oeste chilena é toda banhada pelo Oceano Pacífico, facilitando o acesso ao transporte marítimo, com diversos portos. Os principais deles são Antofagasta, Arica, San Antonio, San Vicente e Valparaíso. Este último é bastante utilizado pelos argentinos e pelos brasileiros, que transportam suas cargas por meio da Cordilheira dos Andes, cruzando todo o território chileno para embarcar nos navios que seguem para as regiões da Ásia e do Mediterrâneo. Esses portos, juntos, respondem por cerca de 60% do transporte marítimo chileno. A cabotagem é feita somente por navios de bandeiras chilenas e a Empresa Marítima Del Estado (Empremar) é responsável por 60% do movimento de cargas, ou seja, 5 milhões de toneladas (Brasil, 2010f).

» **Colômbia:** Os principais portos do país estão localizados nas cidades de Barranquilla, Buenaventura, Cartagena e Santa Marta. O maior porto é o de Buenaventura: Sociedad Portuaria Regional de Buenaventura S.A. (Sociedade Portuária Regional de Buenaventura), que movimenta 10,27 milhões de toneladas e mais de 400 mil TEUs anualmente. Buenaventura situa-se no sudeste do país, abaixo da divisa com o Panamá, diretamente no Oceano Pacífico, o que permite que navios com destino à Ásia ou que de lá se originem atraquem diretamente no porto, sem a necessidade de travessia do Canal do Panamá. Os demais portos citados estão localizados acima do Panamá, facilitando o acesso ao Oceano Atlântico. A Colômbia possui ainda mais de 6 mil km de rios navegáveis, que transportam cerca de 5 milhões de toneladas de cargas e 3 milhões de pessoas, principalmente na Bacia Amazônica (Brasil, 2010g).

» **Equador:** O principal porto do país é o Puerto de Guayaquil (Porto de Guayaquil), localizado no sul do país, sendo responsável por 60% do tráfego marítimo do país. Guayaquil tem ótimo acesso para a Ásia e o Mediterrâneo, além da Costa Norte dos Estados Unidos. Para destinos europeus ou brasileiros, o acesso é feito pelo Canal do Panamá (Brasil, 2010h).

Brasil

Finalmente iremos concluir nossos estudos a respeito dos países-membros do Mercosul com o nosso país, o Brasil. Você verá quais são os principais portos, aeroportos e ferrovias do país, além de conhecer mais sobre a formação das rodovias brasileiras. Mas, antes, vamos examinar brevemente o comércio internacional do Brasil.

O Brasil está entre os maiores exportadores de produtos agrícolas do mundo. É o maior exportador de soja, café, laranja, derivados da cana-de-açúcar (açúcar e etanol), tabaco, frango e carne bovina. Além disso, está entre os maiores exportadores de carne suína, frutas e milho. Outros produtos industrializados também se destacam no comércio internacional, como carros e principalmente aeronaves.

Quanto aos produtos importados, temos componentes eletrônicos, máquinas e equipamentos industriais, trigo, cevada etc.

Em 2009, foram exportados US$ 153 bilhões (FOB), principalmente para os Estados Unidos, a China e a União Europeia. No mesmo período, as importações somaram US$ 127,6 bilhões (FOB), o que propiciou um saldo de US$ 25,3 bilhões na balança comercial (Brasil, 2010o, 2011j, 2010q, 2010s).

Veja a seguir o desempenho da balança comercial do Brasil no exercício de 2009:

Tabela 4 – Balança comercial brasileira em 2009

Operação Ano	Importações	Exportações	Saldo
	Em bilhoes de dólares (US$)		
2009	127,6	153	25,3
2008	173,2	197,9	24,7
2007	120,6	160,6	40
2006	91,4	137,5	46,1

Fonte: Baseado em Brasil, 2011c'.

* Leia mais sobre o saldo da balança comercial do Brasil no *site* do Ministério do Desenvolvimento, Indústria e Comércio Exterior: <http://www.desenvolvimento.gov.br/sitio/interna/interna.php?area=5&menu=571>.

Gráfico 1 – Balança comercial brasileira em 2009

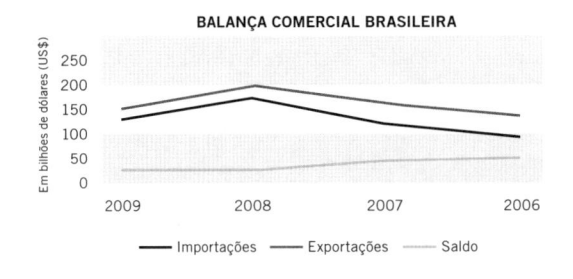

Fonte: Baseado em Brasil, 2011c'.

Blocos econômicos no panorama mundial:
análise geográfica e econômica

Transportes no Brasil

Os sistemas de transportes no Brasil são regulamentados e fiscalizados pelas agências reguladoras*, quais sejam:

- » Agência Nacional de Transportes Terrestres (ANTT): Instituição que se ocupa dos modais rodoviário, ferroviário e dutoviário.
- » Agência Nacional de Transportes Aquaviários (Antaq): Instituição que se ocupa do transporte aquaviário, compreendendo o marítimo e o fluvial.
- » Agência Nacional de Aviação Civil (Anac): Instituição que se ocupa do transporte aéreo.

São essas agências que controlam as permissões e concessões de linhas e rotas, além do uso de terminais e vias. Também fiscalizam veículos e embarcações a fim de garantir a segurança dos usuários e a qualidade no transporte de cargas.

A partir de agora você irá conhecer um pouco mais sobre o transporte no Brasil. Não iremos nos prender aos terminais, pois, devido ao seu tamanho, o país tem um elevado número de portos e aeroportos de grande capacidade de transporte de pessoas e mercadorias.

Perguntas & respostas

Qual é o modal de transporte mais utilizado no Brasil?
O mais utilizado é o rodoviário, com 212 mil km de malha viária pavimentada, por onde são transportadas mais de 70% das cargas do país e cerca de 95% dos passageiros. Os estados das Regiões Sudeste e Sul concentram a maior parte dessa malha, além de melhores condições das rodovias.

---

* A ANTT e a Antaq são vinculadas ao Ministério dos Transportes, e a Anac está hierarquicamente ligada ao Ministério da Defesa.

🚌 Transporte rodoviário

A malha rodoviária brasileira abrange 1,71 milhão de km, dos quais 212 mil km são pavimentados. Esse modal transporta mais de 70% das cargas que transitam pelo Brasil e 95% dos passageiros no país (Brasil, 2011e).

As melhores estradas estão concentradas na Região Sudeste, seguidas das Regiões Sul, Centro-Oeste e Nordeste. A Região Norte, que possui a menor malha rodoviária do Brasil, também é a que tem rodovias em estado mais precário, segundo constatado na pesquisa feita pela Confederação Nacional dos Transportes (CNT) em 2009, citada por Sampaio (2009):

> O levantamento mostra um cenário global no qual 69,1% da extensão pesquisada (61.839 km) apresenta problemas de pavimento, sinalização e/ou geometria viária. Existe, assim, a necessidade urgente de melhoria, para que o sistema de escoamento da produção seja eficiente e capaz de dar suporte à retomada do crescimento da atividade econômica.

> Apesar disso, foram identificadas melhorias em termos de redução da extensão classificada como ruim ou péssima em relação aos resultados de 2007 nas variáveis Pavimento (4,6%) e Sinalização (7,1%). Este esforço deve ser, contudo, ampliado para gerar mais rapidamente benefícios para o país.

Apesar do panorama anteriormente citado, existem excelentes rodovias no país, comparadas às de países desenvolvidos, principalmente aquelas localizadas no Estado de São Paulo. As principais rodovias são federais e boa parte delas é pedagiada.

O sistema é formado por rodovias federais, sob responsabilidade do Departamento Nacional de Infraestrutura de Transportes (DNIT), e por rodovias estaduais e municipais, sob responsabilidade dos estados e dos municípios. As principais rodovias são as federais, que interligam todas as regiões do país e recebem a nomenclatura de *BR* e mais 3 algarismos – o primeiro algarismo indica a categoria da estrada e os outros 2 indicam a posição desta. As BRs são assim definidas (DNIT, 2011):

- » Rodovias radiais: Partem da capital federal, Brasília, DF, para os extremos do país. O primeiro algarismo é 0 (zero) e os seguintes variam de 05 a 95, no sentido horário. Exemplo: BR 020 (Belém-Brasília), BR 040 (Brasília-Rio de janeiro).
- » Rodovias longitudinais: Ligam o país no sentido norte-sul. O primeiro algarismo é 1 e os demais se dão de acordo com a localização – 00 se estiver a leste e 99 a oeste. No caso de a localização estar a leste de Brasília, os dois últimos números girarão em torno de 00 a 50 e caso a localização esteja a Oeste da capital, em torno de 50 a 99. Exemplo: a BR 101 atravessa o país pelo litoral; a BR 116 passa pelo alto da Serra do Mar e a BR 174, por sua vez, está localizada nos Estados de Mato Grosso, Rondônia, Amazonas e Roraima.
- » Rodovias transversais: Atravessam o país no sentido leste-oeste. O primeiro algarismo é 2 e os dois últimos podem ser desde 00, no norte do país, até 50, no Distrito Federal, e de 50, ao Sul da capital federal, a 99, no extremo Sul. Exemplo: a BR 290 atravessa o Estado do Rio Grande do Sul; a BR 277, por sua vez, atravessa o Estado do Paraná; a BR 230 vai da Paraíba ao Amazonas, no norte do país.
- » Rodovias diagonais: Fazem a ligação no sentido noroeste-sudeste ou nordeste-sudoeste. O primeiro algarismo é 3 e os demais variam, sendo pares para as estradas que estão no sentido noroeste-sudeste e ímpares no sentido nordeste-sudoeste, de 00 a 50, ao norte de Brasília, e 50 a 99, ao sul do Distrito Federal. Exemplo: a BR 376 atravessa o Paraná no sentido noroeste-sudeste, de Apucarana, Paraná, até Garuva, Santa Catarina.
- » Rodovias de ligação: Interligam rodovias federais ou uma rodovia federal a uma importante região ou fronteira. O primeiro algarismo é 4 e os demais seguem a ordem de 00 a 50, se estiverem ao norte de Brasília, e de 50 a 99, ao sul de Brasília. Exemplo: a BR 476 liga a BR 153, no Paraná, à BR 116, em São Paulo; a BR 401 liga Boa Vista, Roraima, até a fronteira do Brasil com a Guiana Francesa.

Agora você já conhece o modal de transporte rodoviário do país. Ao vermos uma placa indicativa com o número da rodovia, como a BR 101, é possível sabermos onde passa essa rodovia no mapa brasileiro. Esse conhecimento pode auxiliá-lo no momento de escolher qual rota deseja utilizar em suas viagens ou no transporte de mercadorias.

Transporte aéreo

O transporte aéreo brasileiro atende a mais de 56,5 milhões de passageiros anualmente, sendo 6,5 milhões em voos internacionais e 50 milhões em voos domésticos. A movimentação de cargas também é grande, girando em torno de 270 mil toneladas em importações e exportações, principalmente para a Europa e os Estados Unidos, e mais de 1 milhão de toneladas de mercadorias no comércio interno (Anac, 2011).

O Brasil possui 67 aeroportos que são administrados pela Empresa Brasileira de Infraestrutura Aeroportuária (Infraero), concentrando 97% do trafego aéreo nacional. Veja a seguir uma pequena descrição das características dessa instituição:

> Vinculada ao Ministério da Defesa, a Infraero administra desde grandes aeroportos brasileiros até alguns tão pequenos que ainda não recebem voos comerciais regulares e são aeroportos que têm como função representar a soberania nacional em áreas longínquas. Ao todo são 67 aeroportos, 69 Grupamentos de Navegação Aérea e 51 Unidades Técnicas de Aeronavegação, além de 34 terminais de logística de carga. (Infraero, 2010a)

Os principais aeroportos brasileiros, em movimentação de cargas, são os demonstrados a seguir.

✈ Aeroporto de Guarulhos

Nome oficial: Aeroporto Internacional de São Paulo/Guarulhos – Governador André Franco Montoro
Código Iata: GRU

Também conhecido como *Aeroporto de Cumbica*, está localizado em Guarulhos, região metropolitana de São Paulo. Movimenta aproximadamente 340 mil toneladas de cargas anualmente, sendo 211 mil toneladas destinadas ao mercado externo.

> No setor de logística de carga aérea, a Infraero dispõe do maior terminal de logística da América do Sul com área de 97,8 mil metros quadrados, onde estão disponibilizados serviços de recepção, despaletização, unitização, movimentação e armazenagem de mercadorias oriundas dos setores de importação e exportação. (Infraero, 2010b)

Por esse aeroporto passam mais de 21 milhões de passageiros e quase 210 mil aeronaves anualmente. Em Guarulhos são operados voos com destino a 27 países e 153 cidades nacionais e internacionais (Brasil, 2010f).

✈ Aeroporto de Viracopos

Nome oficial: Aeroporto Internacional Viracopos
Código Iata: VCP

Localizado em Campinas, interior de São Paulo, está a 14 km do centro da cidade e a 99 km da capital do estado, São Paulo, em um dos mais importantes polos tecnológicos do país. O aeroporto é acessado pelas melhores rodovias do país – Rodovia dos Bandeirantes, Anhanguera e Santos Dumont. Viracopos movimenta 190 mil toneladas de cargas, sendo 180 mil destinadas ao comércio internacional. Anualmente, passam cerca de 3,36 milhões de passageiros por esse aeroporto. Há projetos do Governo Federal de construir um trem de alta velocidade interligando Viracopos às capitais paulista e carioca (Infraero, 2011).

✈ Aeroporto do Galeão

Nome oficial: Aeroporto Internacional do Rio de Janeiro/Galeão – Antonio Carlos Jobim
Código Iata: GIG

Localizado na capital do Rio de Janeiro, a 20 km do centro da cidade, o Galeão movimenta anualmente 80 mil toneladas de cargas; dessas, 56 mil são destinadas ao mercado internacional. O aeroporto possui a maior pista do Brasil, com 4 mil m de extensão por 45 m de largura, com um dos maiores, mais modernos e mais bem equipados terminais logísticos do continente.

> Por esse aeroporto transitam 12 milhões de passageiros em mais de 119 mil voos anuais. Do Galeão chegam e [sic] partem voos de 26 cidades nacionais e 24 localidades internacionais. (Infraero, 2010c)

Apesar dos problemas no sistema aéreo apresentados constantemente pelos noticiários, o Brasil possui um dos maiores e mais seguros tráfegos aéreos mundiais, com 89% de pontualidade nos voos (Anac, 2011; Infraero, 2010a).

🚆 Transporte ferroviário

O Brasil possui 29.637 km de ferrovias, concentradas nas Regiões Sul, Nordeste e a maior parte na Região Sudeste, com ligações para o Norte e Centro-Oeste, segundo informações da Agência Nacional de Transportes Terrestres (ANTT). O processo de desestatização das ferrovias, iniciado em 1992, concedeu mais de 28 mil km para exploração da iniciativa privada (ANTT, 2010).

Se observarmos a extensão da malha ferroviária, veremos que esse sistema é pequeno e pouco utilizado no Brasil. Para que você tenha noção do que estamos falando, voltemos à comparação entre a área da Argentina a do Brasil: a Argentina, em seus 2,76 milhões de km^2, possui mais de 34 mil km de ferrovias; o Brasil, por sua vez, com seus mais de 8,5 milhões de km^2, possui menos de 30 mil km de ferrovias.

O modal ferroviário brasileiro é operado por 12 empresas no transporte de cargas e por 4 empresas no transporte de passageiros, conforme demonstrado no quadro a seguir:

Tabela 5 – Concessionárias do modal ferroviário brasileiro

Extensão da Malha Ferroviária – 2008 Extensões em km					
Operadoras	Origem	Bitola			Total
		Larga	Métrica	Mista	
ALL – América Latina Logística Malha Oeste S.A.	RFFSA	-	1.945	-	1.945
FCA – Ferrovia Centro-Atlântica S. A.	RFFSA	-	7.910	156	8.066
MRS – MRS Logística S.A.	RFFSA	1.632	-	42	1.674
FTC – Ferrovia Tereza Cristina S.A.	RFFSA	-	164	-	164
ALL – América Latina Logística Malha Sul S.A.	RFFSA	-	7.293	11	7.304
FERROESTE	-	-	248	-	248
EFVM – Estrada de Ferro Vitória a Minas	-	-	905	-	905
EFC – Estrada de Ferro Carajás	-	892	-	-	892
TRANSNORDESTINA LOGÍSTICA S.A.	RFFSA	-	4.189	18	4.207
ALL – América Latina Logística Malha Paulista S.A.	RFFSA	1.463	243	283	1.989
ALL – América Latina Logística Malha Norte S.A.	-	500	-	-	500
VALEC / Subconcessão: Ferrovia Norte-Sul S.A.	-	420	-	-	420
Subtotal		4.907	22.897	510	28.314
Operadoras	Origem	Bitola			Total
		Larga	Métrica	Mista	
Companhia Brasileira de Trens Urbanos – CBTU	-	57	149	-	206
Cia. Est. de Eng. de Transportes e Logística – CENTRAL	-	17	75	-	92
Trombetas/Jari/Corcovado/Supervia/Campos do Jordão	-	520	102	-	622
Amapá/CPTM/Trensurb/METRO-SP RJ	-	382	201	-	583
Subtotal	-	976	527	-	1.503
TOTAL	-	5.883	24.424	510	29.817

Fonte: ANTT, 2010.

Como você pode perceber ao analisar a tabela, uma das dificuldades encontradas no sistema ferroviário é a variação no tamanho das bitolas (a largura dos trilhos), fator que limita a conexão dos trens de uma malha para outra.

Mesmo com as dificuldades encontradas e a falta de investimento no setor por parte do governo por um longo período até a privatização, o transporte ferroviário responde por cerca de 20% da movimentação de cargas no país, num total de mais de 400 milhões de toneladas anualmente, atendendo aos principais portos brasileiros. Os principais produtos transportados pelo modal ferroviário são minério de ferro, cimento, carvão e soja.

As maiores ferrovias estão concentradas no Estado de São Paulo, ligando o Porto de Santos à capital paulista e ao interior do estado. Há ainda uma ligação para Cuiabá,

Mato Grosso, chegando a Corumbá, no mesmo estado, e também à Bolívia. Esse trem é chamado de *Trem do Pantanal*, sendo conhecido no território boliviano como *Trem da Morte*. Embora sejam malhas e operadores diferentes, você pode partir de Santos, São Paulo, até o Porto de Arica, no Chile, atravessando o Brasil, a Bolívia e parte do Chile. Outra ligação importante é feita entre o Porto de Paranaguá, Paraná, ao interior do estado, até Cascavel, com conexões ao sul com os Estados de Santa Catarina e Rio Grande do Sul e ao norte com o Estado de São Paulo. As linhas do Estado do Rio Grande do Sul também fazem ligações com o Uruguai e a Argentina. A malha está presente, ainda, nos Estados de Minas Gerais e Rio de Janeiro.

Existem projetos de ampliação da malha ferroviária* brasileira, que preveem a ligação entre Belo Horizonte e Peru, passando por Cuiabá, Mato Grosso, Porto Velho, Rondônia, e Rio Branco, Acre. Outra importante linha ligará Goiânia, Goiás, a Belém, Pará, passando por Palmas, Tocatins, e interligando toda a Região Nordeste. Também estão previstas novas linhas atravessando o Brasil no sentido leste-oeste, interligando as novas vias com as já existentes (Vilaça, 2011). Outro importante projeto é a continuação da linha que corta o Estado do Paraná. Atualmente, essa linha parte do Porto de Paranaguá e vai até Cascavel. O projeto prevê a ligação com o Paraguai, a Argentina e o Chile, até o Porto de Valparaíso, formando o chamado *Corredor Bioceânico* (JusBrasil Notícias, 2011).

---

* Caso você queira saber mais sobre as empresas que operam na malha ferroviária brasileira, bem como acessar o simulador de tarifas para fretes, acesse o *site* da ANTT e escolha a concessionária: <http://www.antt.gov.br/concessaofer/concessionariasfer.asp>.

Principais portos brasileiros
Esse modal é o mais utilizado no comércio exterior, sendo responsável por 95% do transporte de mercadorias importadas e exportadas, movimentando perto de 800 milhões de toneladas de mercadorias. Os portos são estratégicos para o comércio internacional brasileiro, oferecendo estruturas intermodais; além das conexões entre si, também há conexões com os portos interiores, por meio do transporte fluvial.

Segundo a Antaq, o Brasil possui 119 instalações portuárias. Dessas, 36 são portos organizados e 83 são terminais de uso privativo ao longo de sua costa (Antaq, 2011a).

De acordo com o Anuário Estatístico da Antaq (Antaq, 2010a), os seis maiores portos em volume de cargas movimentados no Brasil são os Portos de Itaqui, Tubarão, Itaguaí, Santos, São Sebastião e Paranaguá. Veja uma descrição de cada um deles a seguir:

⚓ Porto de Itaqui

Localizado na Baía de São Marcos, na cidade de São Luiz, capital do Maranhão, o Porto de Itaqui tem capacidade para receber navios de grande porte, pois seu calado chega a 19 m de profundidade e o canal de acesso tem profundidade mínima de 27 m. O porto possui 5 berços acostáveis e mais 2 petroleiros. Itaqui atende aos Estados do Maranhão, Tocantins e parte do Pará, de Goiás e do Mato Grosso, movimentando mais de 100 milhões de toneladas por ano, o correspondente a quase 14% do volume de cargas movimentadas nos portos brasileiros. O principal produto movimentado nesse porto é o minério de ferro.

A ligação rodoviária com o Porto de Itaqui é pela BR 135, que dá acesso à cidade de São Luiz, Maranhão, sendo interligada pelas BRs 316, 322, 226, 230 e 010, além das rodovias estaduais que fazem ligações com essas BRs. O porto também é atendido pelas ferrovias Norte-Sul e Nordeste e, a principal delas, pela Estrada de Ferro Carajás, ligando o porto ao sul do estado, sendo administrada pela Companhia Vale do Rio Doce. Há também algumas ligações fluviais pelos Rios Grajaú, Pindaré, Mearim e dos Cachorros, limitados, porém, à baixa profundidade (Antaq, 2011b; Porto de Itaqui, 2011).

⚓ Porto de Tubarão

Localizado na Ponta do Tubarão, em Vitória, capital do Espírito Santo, e administrado pela empresa Vale S.A., esse porto é considerado o mais eficiente do mundo*, segundo um estudo realizado pela Universidade de São Paulo (USP). A estrutura do porto é composta por 6 cais, sendo 3 para minérios de ferro, 1 para grãos, 1 para carga geral e 1 para granéis líquidos, movimentando perto de 100 milhões de toneladas anualmente, o que representa 13% do volume de cargas movimentadas nos portos do país.

O acesso rodoviário ao porto se dá através da BR 101, que liga o Brasil de norte a sul. No entanto, o que chama a atenção nesse porto é o transporte ferroviário, que no pátio do porto é operado por um sistema automático, no qual o vagão é descarregado sem ser desacoplado da composição. Além disso, dentro do próprio porto o minério de ferro é transformado em *pellets*, pequenas bolas de ferro que facilitam a estocagem e comercialização do material (Antaq, 2010b; Espírito Santo, 2010).

---

* Veja uma notícia a respeito dos investimentos empregados no Porto de Tubarão no *site* do jornal *Estadão*: <http://www.estadao.com.br/estadaodehoje/20090711/not_imp401029,0.php>.

⚓ Porto de Itaguaí

Localizado no município de Itaguaí, Rio de Janeiro, na Baía de Sepetiba, junto à Ilha da Madeira, esse porto atende a todo o Estado do Rio de Janeiro, Minas Gerais e parte de Goiás. Anualmente são movimentados perto de 85 milhões de toneladas de mercadorias, o que corresponde a 11% do volume de mercadorias movimentada nos portos nacionais.

O Porto de Itaguaí é atendido pela BR 101, ligando o porto à capital carioca e ao Sul, na divisa com São Paulo, trecho conhecido como *Rio-Santos*. Conta também com fácil acesso à BR 116 (Via Dutra) para São Paulo, ao sul, e norte do Rio de Janeiro e Espírito Santo. Já o acesso ferroviário se dá através do ramal Japeri-Brisamar, operado pela empresa MRS Logística S.A., interligando a região centro-sul do estado, conhecido como *Vale do Paraíba*, no eixo entre São Paulo e Rio de Janeiro (Rio de Janeiro, 2011).

⚓ Porto de Santos

Localizado no litoral paulista, esse porto movimenta perto de 80 milhões de toneladas de mercadorias anualmente, quase 10% do total de cargas movimentadas nos portos brasileiros. O porto possui 12 km de cais, com calado médio de 13 m; porém, já está em estudo a ampliação do calado do porto para até 17 m. Os principais produtos que passam por esse porto são gás liquefeito de petróleo (GLP), amônia, trigo, açúcar, carnes etc., e quase 30% das cargas são conteinerizadas. De acordo com o *site* oficial do referido porto (Porto de Santos, 2010), um dos grandes trunfos do Porto de Santos é o seu amplo acesso. Uma moderna malha rodoviária e a rede ferroviária interligadas à hidrovia Tietê-Paraná formam o maior sistema de transporte rodo-ferroviário e hidroviário do país. Pelo ar, existem duas opções em um raio de 150 km: os Aeroportos Internacionais de Cumbica (Guarulhos) e Viracopos (Campinas). Além disso, Santos é o único porto brasileiro servido por todas as grandes linhas marítimas regulares, oferecendo transporte para qualquer parte do mundo.

⚓ Porto de São Sebastião

Localizado no município de São Sebastião, litoral norte do Estado de São Paulo, em frente a Ilha Bela, esse porto movimenta perto de 50 milhões de toneladas de mercadorias anualmente, o que corresponde a 6,3% do volume de carga movimentada nos portos do país; desse valor 98% constitui-se em granéis líquidos. O porto possui 7 berços de atracagem, com calado máximo de 8,2 m de profundidade, além do terminal Tebar (Terminal Marítimo Almirante Barroso), da Petrobras, com profundidade entre 14 e 29 m e depósito em 43 tanques com capacidade total de 2,1 milhões de toneladas. Esse porto atende à região do Vale do Paraíba, em São Paulo, com destaque para cidades como São José dos Campos e Taubaté, além do ABC Paulista e do interior do estado, como Campinas e Sorocaba. Sua abrangência também se estende por parte de Goiás e Minas Gerais.

O Porto São Sebastião possui excelentes acessos: pela BR 101, conhecida como *Rio-Santos* nesse trecho, e pela SP 099 (Estrada dos Tamoios), que liga a cidade portuária a São José dos Campos e à Via Dutra (BR 116). Há ainda excelentes acessos à capital do estado pelas Rodovias Anchieta (SP 150) e Imigrantes (SP 160). Nesse porto não há ligações ferroviárias nem transportes fluviais (Antaq, 2011d).

Porto de Paranaguá

Localizado na cidade e na Baía de Paranaguá, litoral do Paraná, esse porto organizado possui calado máximo de 12,5 m e conta com uma área de 424,5 km², atendendo a uma área de mais de 800 mil km², o que compreende, além do Paraná, os Estados do Mato Grosso, Mato Grosso do Sul, Rondônia, Santa Catarina e parte de São Paulo. O Paraguai também exporta pelo Porto de Paranaguá, possuindo um entreposto de depósito franco no porto.

O porto paranaense movimenta anualmente mais de 34 milhões de toneladas, entre granéis líquidos e sólidos, carga geral, contêineres e veículos, o que representa 4,43% do movimento de cargas nos portos do Brasil. Os acessos ao Porto de Paranaguá por via rodoviária são pela BR 277 – que atravessa o país, do Paraná até o Paraguai, e também faz ligação com a BR 116, para o norte e o sul do país –, e pela BR 376, que leva ao norte do Paraná, a Mato Grosso e Rondônia. Há também a Ferrovia Atlântico Sul S.A., operada pela ALL. Quanto ao acesso marítimo, existem 3 – o Norte, o Sudeste e o Canal da Galheta, o mais importante, entre o continente e a Ilha do Mel.

Concluímos nossos estudos sobre os portos do Brasil. Como vimos, esse modal de transporte movimenta 95% do volume de transportes do comércio internacional brasileiro, num total de cerca de 800 milhões de

Perguntas & respostas

Quantos portos existem no Brasil e qual é o maior porto do país?
São 119 instalações portuárias, sendo 36 portos organizados, com estrutura completa, e 83 terminais de uso privado, todos ao longo da costa.
Segundo a Antaq, o maior porto, em movimentação de cargas, é o Porto de Itaqui, em São Luiz, Estado do Maranhão. Itaqui responde por 14% do volume dos portos do Brasil.

Para saber mais

APPA – Administração dos Portos de Paranaguá e Antonina. Capacidade operacional e infraestrutura atraem novos clientes para o Porto de Paranaguá. 2009. Disponível em: <http://www.portosdoparana.pr.gov.br/modules/noticias/print.php?storyid=289>. Acesso em: 6 abr. 2011.

Leia esse artigo referente ao Porto de Paranaguá, à sua infraestrutura e às inovações que o tornam um alvo dos investimentos internacionais.

toneladas de mercadorias. Além do comércio brasileiro, os portos do país também atendem a outros países do Mercosul que fazem fronteira com o Brasil (Antaq, 2011c).

Transporte fluvial

Esse modal é mais utilizado na distribuição interna de mercadorias, pois em algumas regiões, como a Amazônia, esse é o único meio de transporte. O potencial hidrográfico do país ainda é pouco explorado, havendo poucas hidrovias em funcionamento.

A maior bacia hidrográfica navegável é a Bacia Amazônica, que interliga os Estados do Amazonas, Acre, Rondônia, Roraima e Pará. De acordo com o *site* AmbienteBrasil (2010):

> A Bacia Amazônica possui cerca de 23.000 Km navegáveis, podendo atingir a Bacia Platina, a Bacia de São Francisco, a Bacia do Orenoco, na Venezuela, e o Rio Madalena, na Colômbia. Hoje, a travessia dessas e de outras passagens naturais ainda é difícil, mas vislumbra-se o dia em que será possível atravessar praticamente todo o continente Sul-americano.

As principais hidrovias brasileiras são as seguintes, de acordo com Souza (2011):

» **Hidrovia do Madeira**: Via navegável de 1.056 km de extensão, desde a confluência do Rio Madeira com o Rio Amazonas até a cidade de Porto Velho, Rondônia.

» **Hidrovia do São Francisco**: Conhecida como o "Velho Chico", é há muito tempo navegável, com hidrovia de 1.371 km de extensão, entre Juazeiro, na Bahia, e Petrolina, em Pernambuco (cidades vizinhas, separadas pelo rio), até Pirapora, em Minas Gerais.

» **Hidrovia Tocantins-Araguaia**: Com cerca de 2.250 km de extensão, é dividida em 3 trechos:
  » do Rio das Mortes (afluente do Araguaia), desde a cidade Nova Xavantina, no Mato Grosso, até a confluência desse rio com o Araguaia, numa extensão de 580 km;
  » do Rio Araguaia, de Aruanã, em Goiás, até Xambioá, no Tocantins, numa extensão de 1.230 km;
  » do Rio Tocantins, desde Miracema do Tocantins, até o porto a ser construído no município de Porto Franco, no Maranhão, numa extensão aproximada de 440 km.

- » Hidrovia Paraná-Tietê: Essa hidrovia está em fase de preparação para a navegação em seis trechos:
  - » do Rio Piracicaba ao Rio Tietê, no Estado de São Paulo, com 22 km de extensão;
  - » do Rio Tietê, em Conchas, São Paulo, até a confluência do Rio Tietê com o Rio Paraná, com 554 km de extensão;
  - » do Rio Parnaíba, na Usina Hidrelétrica de São Simão, até a confluência do Rio Paranaíba com o Rio Paraná, numa extensão de 180 km;
  - » do Rio Grande, na Usina Hidrelétrica de Água Vermelha, até a confluência do Rio Grande com o Rio Paraná, numa extensão de 59 km;
  - » do Rio Paraná, desde a confluência dos Rios Grande e Paranaíba, que formam o Rio Paraná, até a Usina Hidrelétrica de Itaipu, com 800 km de extensão;
  - » no Canal Pereira Barreto, que liga a Usina Hidrelétrica de Três Irmãos, no Rio Tietê, ao Rio São José dos Dourados, afluente do Rio Paraná, no Estado de São Paulo, numa extensão de 53 km, sendo 36 km no Rio São José dos Dourados e 17 km no Canal Pereira Barreto propriamente dito.
- » Hidrovia Paraguai-Paraná: Com um total de 3.342 km de extensão, essa hidrovia liga a cidade de Cáceres, no Mato Grosso, à Nueva Palmira, no Uruguai, passando pela Bolívia, pelo Paraguai e por Buenos Aires, na Argentina, fazendo parte da chamada *Bacia do Prata*. Somente no Brasil são 1.278 km de hidrovia.

O transporte por hidrovias, embora muito importante em algumas regiões do país e bastante viável para o transporte de mercadorias entre os países do Cone Sul, ainda é pouco utilizado no país. Como descrito anteriormente, esse é o único meio de acesso a algumas regiões da Amazônia.

Síntese

Neste capítulo, estudamos o Mercosul, sua estrutura econômica e os modais de transporte dos países sul-americanos, principalmente do Brasil. Examinamos, em especial, os modais de transporte brasileiros, com os maiores portos e capacidade de movimentação de carga, as rodovias, as ferrovias, as hidrovias e os principais aeroportos.

Questões para revisão

1. Sobre o Mercosul, é incorreto afirmar que:
   a. com o Tratado de Assunção, os Estados-membros acordaram que ampliariam o comércio entre os países, primando pela integração como forma de desenvolvimento econômico e social da região.
   b. são Estados-membros do Mercosul o Brasil, a Argentina, o Paraguai e o Uruguai. Os Estados associados são a Bolívia (desde 1996), o Chile (desde 1996), a Colômbia e o Equador (desde 2004).
   c. em julho de 2006, foi assinado o Protocolo de Adesão da Bolívia e da Venezuela ao bloco regional.
   d. o Mercosul é uma integração regional classificada como mercado comum e surgiu com o Tratado de Assunção.

2. Sobre a estrutura do Mercosul, é correto afirmar que:
   a. o Grupo de Mercado Comum (GMC) é composto por 5 membros titulares e mais 10 membros alternados pelos países-membros, todos representantes de órgãos públicos, como o Ministério das Relações Exteriores, o da Economia e o Banco Central.
   b. o referido bloco tem sua estrutura dividida em dois órgãos, o Conselho do Mercado Comum (GMC), que é responsável pelo processo de integração e pela política do bloco, tomando as decisões que visam cumprir os objetivos estabelecidos no Tratado de Assunção, e o Grupo Mercado Comum (GMC), responsável pelo cumprimento dos artigos estabelecidos no Tratado de Assunção, executando as decisões do CMC, e apresentando propostas concretas ao Programa de Liberação Comercial, além de ser o responsável pelas políticas macroeconômicas e das negociações de acordos entre os países.
   c. a Secretaria do Mercosul serve somente para guardar documentos referentes ao bloco econômico, publicar decisões, coordenar a logística das reuniões e manter os países-membros devidamente informados sobre algumas ações específicas
   d. Todas as alternativas estão corretas.

3. Em relação à estrutura logística da Argentina, considere as afirmações a seguir e, na sequência, assinale a alternativa correta:
   I. Os principais portos argentinos são: Bahía Blanca, Quequén-Necochea, Puerto Deseado, Comodoro Rivadávia, Madryn, La Plata-Enseada e Ushuaia, além do Porto de Buenos Aires e do Porto de Rosário.
   II. O Porto de Buenos Aires é ligado a diversos portos mundiais por 60 linhas semanais, operadas por 80 companhias marítimas, principalmente à Costa Leste dos Estados Unidos e ao norte da Europa, com acesso facilitado pelo Oceano Atlântico, além do Caribe e do Golfo do México.
   III. Uma opção bastante utilizada pelos argentinos, principalmente da região de Mendoza, e também por outros países, como o Paraguai e o sul do Brasil, é transportar produtos até o Porto de Valparaíso, no Chile; porém, deve-se observar os cuidados necessários à travessia da Cordilheira dos Andes.
   IV. A movimentação de cargas no Aeroporto de Ezeiza é de responsabilidade das companhias aéreas que operam nesse aeroporto.
   a. Estão corretas as alternativas I, III e V.
   b. Todas as afirmações estão corretas.
   c. Estão incorretas as alternativas I e IV.
   d. Todas estão incorretas.

4. Sobre o Paraguai, é correto afirmar que:
   a. partindo de Foz do Iguaçu, no Paraná, o acesso à capital paraguaia, Assunção, é feito pela Rodovia Interamericana, também chamada de *Ruta 7*, até Coronel Oviedo, e pela *Ruta 2*, desse ponto até Assunção.
   b. a malha ferroviária do Paraguai é de aproximadamente 10 mil km, sendo que a principal ferrovia é a que liga Assunção a Cuiabá, no Mato Grosso, utilizada para transportes de mercadorias.
   c. o transporte fluvial não é o mais importante do país, já que a rede não chega a 1.000 km de rios e canais. O sistema, que faz parte da Hidrovia Paraná-Paraguai, liga a capital paraguaia às regiões norte e sul e também aos países vizinhos.
   d. os principais acessos, partindo do Brasil, para as cidades mais importantes do Paraguai se dão a partir de Foz do Iguaçu ou Guaíra, no Paraná, com distância de 470 km ,e de Ponta Porã, no Mato Grosso do Sul, pela BR 463, com distância de aproximadamente 540 km até a capital paraguaia.

5. Considere a situação: Você irá determinar a rota que um caminhão deve fazer para levar uma carga de alimentos para a capital do Uruguai, Montevidéu. Indique o melhor caminho a ser realizado por esse veículo e por quais cidades ele passará.

Para concluir...

Ao término de nossos estudos, você agora conta com um conhecimento amplo sobre os blocos econômicos da atualidade, seus respectivos países-membros e a logística empregada em cada um deles, alvo de estudo da geografia econômica.

Vivemos em um mundo globalizado, onde as barreiras e as distâncias estão cada vez menores, o que faz com que cada vez mais os países ampliem as relações entre si. Dessa necessidade surgiram os blocos econômicos, que incrementam o comércio internacional, criam facilidades e reduzem burocracias.

Conhecer as particularidades de cada bloco regional, seus países-membros e a logística de cada região é de grande importância para o profissional que atua na área do comércio internacional. Saber como e para qual país, porto ou aeroporto despachar uma carga e também quanto tempo levará para que essa encomenda chegue ao destino certamente é um diferencial do profissional.

Nesta obra estudamos, inicialmente, os blocos da Europa Ocidental, com destaque para a União Europeia, que é o maior bloco econômico da atualidade. Também conhecemos os blocos da América do Norte, da Ásia e do Pacífico, com destaque para o North American Free Trade Agreement – Nafta (Acordo de Livre Comércio da América do Norte), que é a maior área de livre comércio do mundo. Vimos ainda o potencial da América Latina, com seus blocos regionais, destacando-se a Comunidade Andina – CAN (Comunidade Andina) e o Sistema de la Integración Centroamericana – Sica (Sistema de Integração Centro-Americana). Por fim, conhecemos o Mercado Comum do Sul – Mercosul, com seus países-membros, objetivos e estruturas. Além disso, estudamos também o comércio do Brasil com o Mercosul e a logística de cada país que compõe o referido bloco, examinando seus principais portos, aeroportos, rodovias e ferrovias.

Como se trata de um assunto dinâmico, é possível que dentro de algum tempo surjam outros blocos econômicos ou mesmo que haja união entre dois ou mais blocos já existentes. As referências bibliográficas são importantes fontes de informação sobre os blocos, especialmente o sítio do Ministério do Desenvolvimento, Indústria e Comércio (http://www.desenvolvimento.gov.br) e o sítio da Câmara dos Deputados (http://www.camara.gov.br). Também podem ser consultados diversos outros órgãos e instituições constantes nas referências.

Estudo de caso

Quando pensamos em exportar para o Japão ou para países do Sudeste Asiático, sempre imaginamos um navio saindo do litoral brasileiro para cruzar o Oceano Atlântico, contornar a África do Sul e concluir a viagem pelo Oceano Índico. Mas a distância entre o Brasil o Japão, dependendo da origem e destino, pode chegar a 25 mil km.

Então, quais seriam as alternativas para reduzir as distâncias entre o Brasil e os países do Sudeste Asiático, como China, Cingapura ou mesmo o próprio Japão?

Neste estudo de caso, vamos conhecer algumas soluções que podem ser aplicadas e algumas alternativas em fase conclusão pelos governos.

Primeiramente, veremos duas alternativas bastante utilizadas pelos transportadores brasileiros:

1. Partindo do litoral brasileiro, temos a opção de seguir rumo norte, passando pelo Canal do Panamá, com acesso ao Oceano Índico. Essa viagem continua sendo longa, no entanto, essa alternativa redunda em reduções de tempo e dinheiro. São em média 22 mil km de viagem por essa rota. Esse trajeto se torna atrativo para quem está nos portos do norte e nordeste brasileiro, pois, devido à localização geográfica, o acesso ao Canal do Panamá está mais próximo.

2. Uma opção bastante viável, principalmente para quem se encontra ao sul do Brasil, é transportar a mercadoria por via terrestre até o Porto de Valparaíso, no Chile. Essa rota corta a Argentina e a Cordilheira dos Andes na divisa com o Chile. De Porto Alegre a Valparaíso, são cerca de 2.400 km de viagem e, de lá até o Japão, cerca de 18 mil km. Atente para o fato de que essa rota tem de cruzar a Cordilheira dos Andes: além dos riscos constantes, no período de inverno a estrada pode ser fechada devido à neve, como já estudamos neste livro.

Agora, veremos mais duas boas alternativas em fase de conclusão, que, além de encurtar distâncias, reduzem custos e desenvolvem regiões:

1. A ligação no norte do Brasil com o Oceano Pacífico ligará a cidade de Assis Brasil, no Acre, ao Porto de Ilo, no Peru, onde há uma rodovia de ligação para os portos de Árica e Antofagasta, no Chile. Do lado brasileiro, a partir de Assis Brasil, há ligações para a capital acreana, Rio Branco, para Porto Velho, Rondônia, e Manaus, no Pará. Essa rota é chamada de *Rodovia Interoceânica Sul* ou *Estrada do Pacífico*.

   Partindo de Porto Velho até o Porto de Ilo temos um distância de aproximadamente 2 mil km e do Porto de Ilo até Yokohama, no Japão, são mais 17.800 km, ou seja, perfaz-se uma distância de 19.800 km. Se a exportação fosse feita pelo Porto de Santos, seriam 24.600 km, sendo 3 mil km no Brasil e mais 21.600 km de Santos a Yokohama.

2. A outra linha deve ligar o Porto de Santos, em São Paulo, ao Porto de Árica, no Chile. De Árica também há conexões para Antofagasta ao sul e para Ilo, no Peru, ao norte.

   Partindo de Cuiabá, Mato Grosso, até Árica, são pouco mais de 2.400 km e de Árica até Yokohama são mais 17.800 km, totalizando 20.200 km de viagem. Seguindo o mesmo destino, porem, via Porto de Santos à viagem seria de pouco mais de 23.200 km. Para reduzir custos, o novo corredor ainda prevê a integração com o modal ferroviário, ligando o Porto de Santos à cidade de Alto Araguaia, Mato Grosso.

   Além de facilitar o comércio internacional do Brasil com os países do Sudeste Asiático e Oceania, os novos corredores têm a função de desenvolver as regiões por onde passam. A Bolívia, por exemplo, passa a ter um acesso direto ao Porto de Santos e, em consequência, para o Atlântico.

   Outro modal que pode ser utilizado para importações e exportações para as regiões citadas anteriormente é o transporte aéreo, com a vantagem da velocidade, porém, com um custo bem mais elevado que o modal marítimo combinado com o rodoviário e o ferroviário.

Referências

BRASIL. República Federativa do Brasil. Conexão Atlântico-Pacífico integra continente e facilitará comércio exterior. Disponível em: <http://www.brasil.gov.br/noticias/arquivos/2011/02/07/conexao-atlantico-pacifico-integra-continente-e-facilitara-comercio-exterior>. Acesso em: 21 mar. 2011.

MONTILHA, A. C.; DARONCHO, E. Desenvolvimento de novas rotas para exportação através dos corredores bioceânicos e a integração sul-americana. 2009. Disponível em: <http://www.cbtu.gov.br/monografia/2009/trabalhos/artigos/gestao/4_276_AC.pdf>. Acesso em: 21 mar. 2011.

NADAF, P. Rota do pacífico: importante passo para a economia regional. 20 mar. 2002. Disponível em: <http://www.odocumento.com.br/articulista.php?id=56>. Acesso em: 21 mar. 2011.

OLIVEIRA, E. de. Cordilheira: rota rentável e perigosa. <http://www.revistaocarreteiro.com.br/modules/revista.php?recid=286>. Acesso em: 21 mar. 2011.

Referências

ABRETI – Associação Brasileira das Empresas de Transporte Internacional. Marítimo: tipos de navios. Disponível em: <http://www.abreti.org.br/beta/tipos_navios.php>. Acesso em: 15 mar. 2011.

AEC – Asociación de Estados del Caribe. Sobre la AEC. Disponível em: <http://www.acs-aec.org/sobre.htm>. Acesso em: 20 out. 2010.

AÉROPORTS DE PARIS. Disponível em: <http://www.aeroportsdeparis.fr/adp/fr-fr/Passagers/accueil>. Acesso em: 23 dez. 2010.

AEROPORTOS DO MUNDO. Disponível em: <http://www.aeroportosdomundo.com>. Acesso em: 23 dez. 2010a.

_____. Aeroporto da Cidade do Cabo. Disponível em: <http://www.aeroportosdomundo.com/africa/africadosul/aeroportos/cidadedocabo.php>. Acesso em: 1º nov. 2010b.

_____. Aeroporto de Joanesburgo. Disponível em: <http://www.aeroportosdomundo.com/africa/africadosul/aeroportos/joanesburgo.php>. Acesso em: 1º nov. 2010c.

_____. Aeroporto de Melbourne. Disponível em: <http://www.aeroportosdomundo.com/oceania/australia/aeroportos/melbourne.php>. Acesso em: 18 fev. 2011a.

_____. Aeroporto de Sydney. Disponível em: <http://www.aeroportosdomundo.com/oceania/australia/aeroportos/sydney.php>. Acesso em: 18 fev. 2011b.

_____. Aeroporto de Wellington. Disponível em: <http://www.aeroportosdomundo.com/oceania/nova-zelandia/aeroportos/wellington.php>. Acesso em: 18 fev. 2011c.

_____. Aeroporto Internacional de Montreal. Disponível em: <http://www.aeroportosdomundo.com/americadonorte/canada/aeroportos/montreal.php>. Acesso em: 11 fev. 2011d.

_____. Aeroportos do México. Disponível em: <http://www.aeroportosdomundo.com/americadonorte/usa/index.php>. Acesso em: 11 fev. 2011e.

AEROPORTOS DO MUNDO. Aeroportos dos Estados Unidos. Disponível em: <http://www.aeroportosdomundo.com/americadonorte/usa/index.php>. Acesso em: 11 fev. 2011f.

AEROPUERTO DE CARRASCO. Aeropuerto: información general. Disponível em: <http://www.aic.com.uy/informacion-general.php>. Acesso em: 28 fev. 2011.

AEROPUERTOS ARGENTINA 2000. Disponível em: <http://www.aa2000.com.ar>. Acesso em: 6 abr. 2011.

AEROPUERTOS DEL MUNDO. Aeropuerto de Mendoza. Disponível em: <http://www.aeropuertosdelmundo.com.ar/americadelsur/argentina/aeropuertos/mendoza.php>. Acesso em: 25 fev. 2011a.

_____. Aeropuerto de San Jose de Costa Rica. Disponível em: <http://www.aeropuertosdelmundo.com.ar/americacentral/costa-rica/aeropuertos/juan-santamaria.php>. Acesso em: 23 fev. 2011b.

AEROPUERTOS.NET. Aeropuerto Internacional Ministro Pistarini de Ezeiza (EZE). Disponível em: <http://www.aeropuertos.net/aeropuerto-internacional-ministro-pistarini>. Acesso em: 25 fev. 2011.

AFE – Administración de Ferrocarriles del Estado. Disponível em: <http://www.afe.com.uy>. Acesso em: 28 fev. 2011a.

_____. La empresa. Disponível em: <http://www.afe.com.uy/fra-empre.htm>. Acesso em: 28 fev. 2011b.

AHIPAR – Administração da Hidrovia do Paraguai. Obras e serviços. Disponível em: <www.ahipar.gov.br/?s=obras>. Acesso em: 25 fev. 2011.

AIR CANADA. Aeroportos canadenses e terminais. Disponível em: <http://www.aircanada.com.br/info/default.aspx?pageid=42>. Acesso em: 26 out. 2010.

AIRPORT INTERNATIONAL. How to get to Heathrow Airport. Disponível em: <http://www.airport-int.com/article/heathrow-airport.html>. Acesso em: 11 fev. 2011.

AIRPORTS COMPANY – South Africa. Disponível em: <http://www.acsa.co.za>. Acesso em: 23 fev. 2011.

ALADI. Associação Latino-Americana de Integração. Organização institucional. Disponível em: <http://www.Aladi.org/nsfAladi/arquitec.nsf/VSITIOWEBp/organizacion_institucionalp>. Acesso em: 15 out. 2010a.

_____. Quem somos? Disponível em: <http://www.Aladi.org/nsfAladi/arquitec.nsf/VSITIOWEBp/quienes_somosp>. Acesso em: 18 out. 2010b.

ALADI. Secretaria-Geral. Comércio exterior global: Brasil – janeiro-dezembro 2010. Disponível em: <http://www.aladi.org/nsfaladi/estudios.nsf/d61ca4566182909a032574a30051e5ba/f12f2418592047530325782b00542332/$FILE/2394_1_pt.pdf>. Acesso em: 21 fev. 2011.

AMBIENTEBRASIL. Hidrografia do Brasil. Disponível em: <http://www.ambientebrasil.com.br/composer.php3?base=./agua/doce/index.html&conteudo=./agua/doce/recursoshidricos.html>. Acesso em: 9 nov. 2010.

ANAC – Agência Nacional de Aviação Civil. Disponível em: <http://www.anac.gov.br>. Acesso em: 1º mar. 2011.

ANDRADE, M. C. de. Geografia econômica. 12. ed. São Paulo: Atlas, 1998.

ANP – Administración Nacional de Puertos. Puertos comercialies del Uruguay. Disponível em: <http://www.anp.com.uy>. Acesso em: 28 fev. 2011.

ANTAQ – Agência Nacional de Transportes Aquaviários. Análise da movimentação de cargas nos portos organizados e terminais de uso privativo. 2009. Disponível em: <http://www.antaq.gov.br/Portal/Anuarios/Portuario2009/pdf/AnaliseMovimentacao/AnalisedaMovimentacao2009.pdf>. Acesso em: 1º mar. 2011a.

_____. Anuário Estatístico Portuário. 2008. Disponível em: <http://www.antaq.gov.br/PORTAL/Anuarios/Portuario2008/Pdf/Tabelas/Tabela21.pdf>. Acesso em: 8 nov. 2010a.

_____. Porto de Itaqui. Disponível em: <http://www.antaq.gov.br/portal/pdf/Portos/Itaqui.pdf>. Acesso em: 1º mar. 2011b.

_____. Porto de Paranaguá. Disponível em: <http://www.antaq.gov.br/Portal/pdf/Portos/Paranagua.pdf>. Acesso em: 1º mar. 2011c.

_____. Porto de São Sebastião. Disponível em: <http://www.antaq.gov.br/Portal/pdf/Portos/SaoSebastiao.pdf>. Acesso em: 1º mar. 2011d.

ANTAQ – Agência Nacional de Transportes Aquaviários. Terminal de Tubarão. Disponível em: <http://www.antaq.gov.br/Portal/pdf/Portos/Tubarao.pdf>. Acesso em: 8 nov. 2010b.

ANTT – Agência Nacional de Transportes Terrestres. Apresentação: transporte de cargas. Disponível em: <http://www.antt.gov.br/concessaofer/apresentacaofer.asp>. Acesso em: 8 nov. 2010.

APEC – Asia-Pacific Economic Cooperation. Disponível em: <http://www.apec.org/>. Acesso em: 18 fev. 2011a.

_____. Asia-Pacific Economic Cooperation. Achievements and benefits. Disponível em: <http://www.apec.org/About-Us/About-APEC/Achievements-and-Benefits.aspx>. Acesso em: 18 fev. 2011b.

APRENDENDO A EXPORTAR. Incoterms. Disponível em: <http://www.aprendendoaexportar.gov.br/informacoes/INCOTERMS.htm>. Acesso em: 15 mar. 2011.

ASEAN – Association of Southeast Asian Nations. Disponível em: <http://www.aseansec.org>. Acesso em: 19 fev. 2011a.

_____. The Asean Declaration. Disponível em: <http://www.aseansec.org/1212.htm>. Acesso em: 19 fev. 2011b.

_____. Treaty of amity and cooperation in Southeast Asia Indonesia, 24 february 1976. Disponível em: <http://www.aseansec.org/1217.htm>. Acesso em: 19 fev. 2011c.

AUSTRALIA. Australian Government. Australian Trade Commission. Australia New Zealand Closer Economic Agreement. Disponível em: <http://www.austrade.gov.au/ANZCERTA/default.aspx>. Acesso em: 14 fev. 2011.

AUTORIDAD PORTUARIA DEL CARIBE. Terminal de Limón. Disponível em: <http://www.japdeva.go.cr/adm_portuaria/Terminal%20de%20Limon.html>. Acesso em: 14 mar. 2011a.

AUTORIDAD PORTUARIA DEL CARIBE. Terminal de Moín. Disponível em: <http://www.japdeva.go.cr/adm_portuaria/Terminal%20de%20Moin.html>. Acesso em: 14 mar. 2011b.

ÁVILA, C. F. D. O Brasil e o Grão Caribe: fundamentos para uma nova agenda de trabalho. Contexto Internacional, Rio de Janeiro, v. 30, n. 3, p. 701-734, set./dez. 2008.

BACKHEUSER, E. A. A estrutura política do Brasil. Rio de Janeiro: Mendonça Machado & Cia., 1926.

_____. Curso de geopolítica geral e do Brasil. Rio de Janeiro: Bibliex, 1952.

BEIJING CAPITAL INTERNATIONAL AIRPORT. Disponível em: <http://en.bcia.com.cn>. Acesso em: 19 fev. 2011.

BOG – Bogotá Eldorado Aeropuerto Internacional Opain S.A. Disponível em: <http://www.elnuevodorado.com>. Acesso em: 1º mar. 2011.

BRASIL. Congresso Nacional. Comissão Parlamentar Conjunta do Mercosul. Acordo Comercial sobre Relações Econômicas entre Austrália e Nova Zelândia. Disponível em: <http://www.camara.gov.br/mercosul/blocos/ANZCERTA.htm>. Acesso em: 27 out. 2010a.

BRASIL. Congresso Nacional. Comissão Parlamentar Conjunta do Mercosul. Associação dos Estados do Caribe. Disponível em: <http://www.camara.gov.br/Mercosul/blocos/AEC.htm>. Acesso em: 20 out. 2010b.

_____.Globalização e integração. Disponível em: <http://www.camara.gov.br/mercosul/blocos/introd.htm>. Acesso em: 22 dez. 2010c.

_____. Mercosul. Disponível em: <http://www.camara.gov.br/mercosul/Outros/Historico.htm>. Acesso em: 23 fev. 2011a.

_____. União do Magreb Árabe. Disponível em: <http://www.camara.gov.br/Mercosul/blocos/UMA.htm>. Acesso em: 1º nov. 2010d.

BRASIL. Ministério das Relações Exteriores. Departamento de Promoção Comercial. Divisão de Informação Comercial. Como exportar: África do Sul. 2010. Disponível em: <http://www.braziltradenet.gov.br/ARQUIVOS/Publicacoes/ComoExportar/CEXAfricaSul.pdf>. Acesso em: 19 fev. 2011b.

_____. Como exportar: Argentina. Disponível em: <http://www.exportaminas.mg.gov.br/pdf/CEXArgentina.pdf>. Acesso em: 25 fev. 2011c.

_____. Como exportar: Bolívia. Disponível em: <http://www.braziltradenet.gov.br/ARQUIVOS/Publicacoes/ComoExportar/CEXBolivia.pdf>. Acesso em: 4 nov. 2010e.

_____. Como exportar: Chile. 2007. Disponível em: <http://www.braziltradenet.gov.br/ARQUIVOS/Publicacoes/ComoExportar/CEXChile.pdf>. Acesso em: 5 nov. 2010f.

BRASIL. Ministério das Relações Exteriores. Departamento de Promoção Comercial. Divisão de Informação Comercial. Como exportar: Colômbia. 2009. Disponível em: <http://www.braziltradenet.gov.br/ARQUIVOS/Publicacoes/ComoExportar/CEXColombia.pdf>. Acesso em: 4 nov. 2010g.

_____. Como exportar: Equador. 1999. Disponível em: <http://www.exportaminas.mg.gov.br/pdf/CEXEquador.pdf>. Acesso em: 4 nov. 2010h.

_____. Como exportar: Estados Unidos. 2009. Disponível em: <http://www.braziltradenet.gov.br/ARQUIVOS/Publicacoes/ComoExportar/CEXEstadosUnidos.pdf>. Acesso em: 11 fev. 2011d.

_____. Como exportar: Paraguai. 1999. Disponível em: <http://www.exportaminas.mg.gov.br/pdf/CEXParaguai.pdf>. Acesso em: 3 nov. 2010i.

_____. Como exportar: Uruguai. 2007. Disponível em: <http://www.exportaminas.mg.gov.br/pdf/CEXUruguai.pdf>. Acesso em: 4 nov. 2010j.

_____. Como exportar: Venezuela. 1998. Disponível em: <http://www.braziltradenet.gov.br/ARQUIVOS/Publicacoes/ComoExportar/CEXVenezuela.pdf>. Acesso em: 4 nov. 2010k.

BRASIL. Ministério das Relações Exteriores. Departamento de Promoção Comercial e Investimentos. Funcex – Fundação Centro de Estudos do Comércio Exterior. Como exportar para o Brasil. 2010. Disponível em: <http://www.braziltradenet.gov.br/ARQUIVOS/Publicacoes/Manuais/PUBCEXBrasilP.pdf>. Acesso em: 1º mar. 2011e.

BRASIL. Ministério das Relações Exteriores. Departamento de Promoção Comercial. Divisão de Informação Comercial. Seção de Estudos e Publicações. Como exportar: Costa Rica. 1996. Disponível em: <http://www.sebraemg.com.br/arquivos/programaseprojetos/negociosinternacionais/comoexportar/CostaRica.pdf>. Acesso em: 22 fev. 2011f.

BRASIL. Ministério das Relações Exteriores. Mercosul. Tarifa Externa Comum (TEC). Disponível em: <http://www.mercosul.gov.br/principais-tema-da-agenda-do-mercosul/tarifa-externa-comum-tec/>. Acesso em: 26 out. 2010l.

BRASIL. Ministério das Relações Exteriores. Subsecretaria-Geral da Cooperação, Cultura e Promoção Comercial. Departamento de Promoção Comercial e Investimentos. Como exportar: Canadá. 2010. Disponível em: <http://www.braziltradenet.gov.br/ARQUIVOS/Publicacoes/ComoExportar/CEXCanada.pdf>. Acesso em: 11 fev. 2011g.

_____. Tratado de Assunção. Disponível em: <http://www.mercosul.gov.br/tratados-e-protocolos/tratado-de-assuncao-1/>. Acesso em: 26 out. 2010m.

BRASIL. Ministério do Desenvolvimento, Indústria e Comércio exterior. Apresentação. Disponível em: <http://www.mdic.gov.br/sitio/interna/interna.php?area=5&menu=404>. Acesso em: 18 out. 2010n.

BRASIL. Ministério do Desenvolvimento, Indústria e Comércio Exterior. Relatório [referente à] exportação brasileira: Acordo Com. Relac. Econ. Austrália/Nova Zelândia – Anzcerta: totais por valor agregado. RT_101. 10 jan. 2011. Disponível em: <http://www.mdic.gov.br/sitio/interna/interna.php?area=5&menu=2477&refr=576>. Acesso em: 14 fev. 2011h.

_____. Relatório [referente à] exportação brasileira: Acordo de Livre Com. da América do Norte – Nafta: totais por fator agregado. RT_101. Disponível em: <http://www.mdic.gov.br/sitio/interna/interna.php?area=5&menu=2477&refr=576>. Acesso em: 23 dez. 2010o.

_____. Relatório [referente à] exportação brasileira: Comunidade para o Desenvolv. África Meridional – SADC: totais por fator agregado. RT_101. 10 jan. 2011. Disponível em: <http://www.desenvolvimento.gov.br/sitio/interna/interna.php?area=5&menu=2477&refr=576>. Acesso em: 22 fev. 2011i.

_____. Relatório [referente à] exportação brasileira: Cooperação Econômica da Ásia e do Pacífico – Apec: totais por valor agregado. RT_101. 10 jan. 2011. Disponível em: <http://www.desenvolvimento.gov.br/sitio/interna/interna.php?area=5&menu=2033>. Acesso em: 19 fev. 2011j.

_____. Relatório [referente à] exportação brasileira: Mercado Comum do Sul – Mercosul: totais por fator agregado. RT_101. 10 jan. 2011. Disponível em: <http://www.desenvolvimento.gov.br/sitio/interna/interna.php?area=5&menu=2477&refr=576>. Acesso em: 25 fev. 2011k.

BRASIL. Ministério do Desenvolvimento, Indústria e Comércio Exterior. Relatório [referente à] exportação brasileira: Paraguai – totais por fator agregado. RT_212. Disponível em: <http://www.desenvolvimento.gov.br/sitio/interna/interna.php?area=5&menu=2477&refr=576>. Acesso em: 15 fev. 2011l.

_____.Relatório [referente à] exportação brasileira: países nórdicos – totais por fator agregado. RT_101. 10 jan. 2011. Disponível em: <http://www.desenvolvimento.gov.br/sitio/interna/interna.php?area=5&menu=2477&refr=576>. Acesso em: 23 dez. 2010p.

_____. Relatório [referente à] exportação brasileira: União Europeia – UE: totais por fator agregado. RT_101. Disponível em: <http://www.desenvolvimento.gov.br/sitio/interna/interna.php?area=5&menu=2477&refr=576>. Acesso em: 22 dez. 2010q.

_____. Relatório [referente ao] intercâmbio comercial brasileiro: Acord. Com. Relac. Econ. Austrália/Nova Zelândia – Anzcerta. Disponível em: <http://www.mdic.gov.br/sitio/interna/interna.php?area=5&menu=2477&refr=576>. Acesso em: 14 fev. 2011m.

_____. Relatório [referente ao] intercâmbio comercial brasileiro: Antilhas Holandesas. RT_101. 10 jan. 2011. Disponível em: <http://www.mdic.gov.br/sitio/interna/interna.php?area=5&menu=2477&refr=576>. Acesso em: 21 fev. 2011n.

BRASIL. Ministério do Desenvolvimento, Indústria e Comércio Exterior. Relatório [referente ao] intercâmbio comercial brasileiro: Associação Latino Americana de Integração – Aladi. RT_101. 10 jan. 2011. Disponível em: <http://www.desenvolvimento.gov.br/sitio/interna/interna.php?area=5&menu=2477&refr=576>. Acesso em: 21 fev. 2011o.

_____. Relatório [referente ao] intercâmbio comercial brasileiro: Colômbia. RT_101. 10 jan. 2011. Disponível em: <Mhttp://www.mdic.gov.br/sitio/interna/interna.php?area=5&menu=2477&refr=576>. Acesso em: 21 fev. 2011p.

_____. Relatório [referente ao] intercâmbio comercial brasileiro: Comun. e Mercado Comum do Caribe – Caricom. RT_101. 10 jan. 2011. Disponível em: <http://www.desenvolvimento.gov.br/sitio/interna/interna.php?area=5&menu=2033>. Acesso em: 21 fev. 2011q.

_____. Relatório [referente ao] intercâmbio comercial brasileiro: Comunidade para o Desenvolv. África Meridional – SADC. RT_101. 10 jan. 2011. Disponível em: <http://www.desenvolvimento.gov.br/sitio/interna/interna.php?area=5&menu=2477&refr=576>. Acesso em: 19 fev. 2011r.

_____. Relatório [referente ao] intercâmbio comercial brasileiro: Cooperação Econômica da Ásia e do Pacífico – Apec. RT_101. 10 jan. 2011. Disponível em: <http://www.desenvolvimento.gov.br/sitio/interna/interna.php?area=5&menu=2033>. Acesso em: 19 fev. 2011s.

BRASIL. Ministério do Desenvolvimento, Indústria e Comércio Exterior. Relatório [referente ao] intercâmbio comercial brasileiro: Costa Rica. RT_102. 15 fev. 2011. Disponível em: <http://www.mdic.gov.br/sitio/interna/interna.php?area=5&menu=2477&refr=576>. Acesso em: 2 mar. 2011t.

_____. Relatório [referente ao] intercâmbio comercial brasileiro: Mercado Comum do Sul – Mercosul. RT_101. 10 jan. 2011. Disponível em: <http://www.desenvolvimento.gov.br/sitio/interna/interna.php?area=5&menu=2477&refr=576>. Acesso em: 25 fev. 2011u.

_____. Relatório [referente ao] intercâmbio comercial brasileiro: México. RT_101. 10 jan. 2011. Disponível em: <http://www.mdic.gov.br/sitio/interna/interna.php?area=5&menu=2477&refr=576>. Acesso em: 21 fev. 2011v.

_____. Relatório [referente ao] intercâmbio comercial brasileiro: países nórdicos. RT_101. Disponível em: <http://www.desenvolvimento.gov.br/sitio/interna/interna.php?area=5&menu=2477&refr=576>. Acesso em: 23 dez. 2010r.

_____. Relatório [referente ao] intercâmbio comercial brasileiro: Paraguai. RT_212. 15 fev. 2011. Disponível em: <http://www.mdic.gov.br/sitio/interna/interna.php?area=5&menu=2477&refr=576>. Acesso em: 25 fev. 2011w.

BRASIL. Ministério do Desenvolvimento, Indústria e Comércio Exterior. Relatório [referente ao] intercâmbio comercial brasileiro: Santa Lucia. RT_101. 10 jan. 2011. Disponível em: <http://www.mdic.gov.br/sitio/interna/interna. php?area=5&menu=2477&refr=576>. Acesso em: 21 fev. 2011x.

_____. Relatório [referente ao] intercâmbio comercial brasileiro: Sistema de Integração Centro-Americana – Sica. RT_101. 10 jan. 2011. Disponível em: <http://www. desenvolvimento.gov.br/sitio/interna/interna. php?area=5&menu=2477&refr=576>. Acesso em: 21 fev. 2011y.

_____. Relatório [referente ao] intercâmbio comercial brasileiro: Trinidad e Tobago. RT_102. 15 fev. 2011. Disponível em: <http://www.mdic.gov.br/sitio/interna/interna. php?area=5&menu=2477&refr=576>. Acesso em: 2 mar. 2011z.

_____. Relatório [referente ao] intercâmbio comercial brasileiro: União Europeia – UE. RT_101. Disponível em: <http://www. desenvolvimento.gov.br/sitio/interna/interna. php?area=5&menu=2477&refr=576>. Acesso em: 22 dez. 2010s.

_____. Relatório [referente ao] intercâmbio comercial brasileiro: Uruguai. RT_102. 15 fev. 2011. Disponível em: <http://www. desenvolvimento.gov.br/sitio/interna/interna. php?area=5&menu=2477&refr=576>. Acesso em: 25 fev. 2011a'.

BRASIL. Ministério do Desenvolvimento, Indústria e Comércio Exterior. Relatório [referente ao] intercâmbio brasileiro: Venezuela. RT_101. 10 jan. 2011. Disponível em: <http://camarabv.org/wp-content/uploads/2010/01/Balan%C3%A7a-Comercial-dez-2010.pdf>. Acesso em: 21 fev. 2011b'.

BRASIL. Ministério do Desenvolvimento, Indústria e Comércio Exterior. Secretaria de Comércio Exterior. Departamento de Planejamento e Desenvolvimento do Comércio Exterior. Balança comercial brasileira: dados consolidados. Disponível em: <http://www.desenvolvimento.gov.br/arquivos/dwnl_1298052907.pdf>. Acesso em: 1º mar. 2011c'.

CAN – Comunidad Andina. Disponível em: <http://www.comunidadandina.org/endex.htm>. Acesso em: 21 fev. 2011.

CARDOSO, M. O Brasil fez muito bem em sobretaxar a China. Istoé Dinheiro, 30 abr. 2010. Entrevista. Disponível em: <http://www.istoedinheiro.com.br/noticias/21472_O+BRASIL+FEZ+MUITO+BEM+EM+SOBRETAXAR+A+CHINA>. Acesso em: 22 dez. 2010.

CARICOM – Caribbean Community. The Caribbean Community (Caricom) Secretariat. Disponível em: <http://www.caricom.org/jsp/secretariat/secretariat_index.jsp?menu=secretariat>. Acesso em: 21 out. 2010.

CENTREPORT WELLINGTON. Disponível em: <http://www.centreport.co.nz>. Acesso em: 17 fev. 2011.

CHANGI AIRPORT SINGAPORE. Disponível em: <http://www.changiairport.com>. Acesso em: 19 fev. 2011.

CHORINCAS, J. Geografia econômica: encontros e desencontros de uma ciência de encruzilhada. Inforgeo, Lisboa, n. 16-17, p. 109-122, 2001/2002. Disponível em: <http://www.apgeo.pt/files/section44/1227097241_Inforgeo_16_17_p111a125.pdf>. Acesso em: 22 fev. 2011.

CORPAQ-QUITO – Empresa Municipal Aeropuerto y Zona Franca del Distrito Metropolitano de Quito. Disponível em: <http://www.corpaq.com/>. Acesso em: 1º mar. 2011.

DNIT – Departamento Nacional de Infraestrutura de Transportes. Rodovias federais brasileiras. Disponível em: <http://www1.dnit.gov.br/rodovias/rodoviasfederais/>. Acesso em: 1º mar. 2011.

EFTA – European Free Trade Association. EEA agreement. Disponível em: <http://www.efta.int/eea/eea-agreement.aspx>. Acesso em: 21 out. 2010a.

_____. The European Free Trade Association. Disponível em: <http://www.efta.int/about-efta/the-european-free-trade-association.aspx>. Acesso em: 20 out. 2010b.

EL PUERTO DE ROSARIO. Disponível em: <http://www.puertoderosario.com.ar>. Acesso em: 25 fev. 2011.

ENTREPRISE PORTUAIRE D'ALGER. Disponível em: <http://www.portalger.com.dz>. Acesso em: 19 fev. 2011.

ESPÍRITO SANTO. Portal do Governo do Estado do Espírito Santo. Portos: Porto de Tubarão. Disponível em: <http://www.es.gov.br/site/espirito_santo/portos.aspx>. Acesso em: 8 nov. 2010.

EUROPA – O Portal da União Europeia. A história da União Europeia. Disponível em: <http://europa.eu/abc/history/index_pt.htm>. Acesso em: 22 dez. 2010a.

_____. Instituições e outros órgãos da União Europeia. Disponível em: <http://europa.eu/institutions/index_pt.htm>. Acesso em: 10 nov. 2009.

_____. Os países da União Europeia. Disponível em: <http://europa.eu/about-eu/member-countries/index_pt.htm>. Acesso em: 22 dez. 2010b.

_____. Política marítima da UE: portos. Disponível em: <http://ec.europa.eu/maritimeaffairs/pdf/thematic_factsheets/ports_pt.pdf>. Acesso em: 1º out. 2010c.

FNE – Federação Nacional dos Estivadores. Porto francês investe US$ 1,5 bi para atrair etanol brasileiro. 2009. Disponível em: <http://www.federacaodosestivadores.org.br/modules/news/article.php?storyid=3489>. Acesso em: 14 nov. 2010.

FRANCISCO, W. de C. e. Caricom. Disponível em: <http://www.brasilescola.com/geografia/caricom.htm>. Acesso em: jun. 2010.

FRANKFURT AIRPORT. Disponível em: <http://www.frankfurt-airport.de/content/frankfurt_airport/de.html>. Acesso em: 23 dez. 2010.

FREITAS, E. Conceitos de geografia. Disponível em: <http://www.brasilescola.com/geografia/conceitos-geografia.htm>. Acesso em: 23 set. 2010.

GEOGRAFIA ECONÔMICA. In: Nova Enciclopédia Barsa. Rio de Janeiro: Encyclopaedia Britannica do Brasil Publicações, 1997.

GEORGE, P. Geografia econômica. 5. ed. Rio de Janeiro: Bertrand do Brasil, 1988.

GLOBAL 21. Guia do exportador: Cingapura. Disponível em: <http://www.global21.com.br/guiadoexportador/cingapura.asp>. Acesso em: 19 fev. 2011a.

_____. Guia do exportador: Uruguai. Disponível em: <http://www.global21.com.br/guiadoexportador/uruguai.asp>. Acesso em: 25 fev. 2011b.

HARTSFIELD-JACKSON ATLANTA INTERNATIONAL AIRPORT. Disponível em: <http://www.atlanta-airport.com/>. Acesso em: 14 fev. 2011.

HEATHROW – Official Airport Website. Disponível em: <http://www.heathrowairport.com/>. Acesso em: 23 dez. 2010.

HINKELMAN, E. G. Dictionary of international trade: handbook of the global trade community. 6th ed. Novato: World Trade Press, 2005. p. 375.

HONG KONG INTERNATIONAL AIRPORT. Disponível em: <http://www.hongkongairport.com>. Acesso em: 19 fev. 2011.

HOUAISS, A.; VILLAR, M. de S. Minidicionário Houaiss de língua portuguesa. 3. ed. rev. e aum. Rio de Janeiro: Objetiva, 2008.

IAIM – Instituto Aeropuerto Internacional de Maiquetía. Terminal aéreo bandera de Venezuela. Disponível em: <http://aeropuertomaiquetia.com.ve>. Acesso em: 28 fev. 2011.

IBGE – Instituto Brasileiro de Geografia e Estatística. Área territorial oficial. Disponível em: <http://www.ibge.gov.br/home/geociencias/areaterritorial/principal.shtm>. Acesso em: 13 out. 2010.

INDEX MUNDI. México: portos. Disponível em: <http://www.indexmundi.com/pt/mexico/portos.html>. Acesso em: 11 fev. 2011.

INFRAERO – Empresa Nacional de Infraestrutura Aeroportuária. A empresa. Disponível em: <http://www.infraero.gov.br/index.php/br/a-infraero.html>. Acesso em: 8 nov. 2010a.

_____. Aeroporto Internacional de São Paulo/Guarulhos. Disponível em: <http://www.infraero.gov.br/index.php/br/aeroportos/sao-paulo/aeroporto-internacional-de-sao-paulo.html>. Acesso em: 8 nov. 2010b.

_____. Aeroporto Internacional de Viracopos. Disponível em: <http://www.infraero.gov.br/index.php/br/aeroportos/sao-paulo/aeroporto-internacional-de-viracopos.html>. Acesso em: 1º mar. 2011.

_____. Aeroporto Internacional do Rio de Janeiro/Galeão. Disponível em: <http://www.infraero.gov.br/index.php/br/aeroportos/rio-de-janeiro/aeroporto-internacional-do-rio-de-janeiro.html>. Acesso em: 8 nov. 2010c.

INMETRO – Instituto de Metrologia, Normalização e Qualidade Industrial. Unidades legais de medidas. Disponível em: <http://www.inmetro.gov.br/consumidor/unidLegaisMed.asp>. Acesso em: 11 fev. 2011.

JUSBRASIL NOTÍCIAS. Comitiva chilena trata do corredor bioceânico em visita ao Parlamento gaúcho. 29 nov. 2010. Disponível em: <http://www.jusbrasil.com.br/noticias/2486485/comitiva-chilena-trata-de-corredor-bioceanico-em-visita-ao-parlamento-gaucho>. Acesso em: 1º mar. 2011.

LANDAUER, J. Sistemas econômicos contemporâneos. Rio de Janeiro: J. Zahar, 1966.

LFC MANAGEMENT. Porto de Le Havre: apresentação geral. 2005. Disponível em: <http://www.lfcmanagement.net/comercio/pah.htm>. Acesso em: 22 dez. 2010.

MADJAROF, R. O positivismo: Auguste Comte. Disponível em: <http://www.mundodosfilosofos.com.br/comte.htm>. Acesso em: 22 dez. 2010.

MARINE DEPARTMENT. The Government of Hong Kong Special Administrative Region. Disponível em: <http://www.mardep.gov.hk>. Acesso em: 19 fev. 2011.

MARX, K.; ENGELS, F. Manifesto comunista. 2003. Disponível em: <http://www.pstu.org.br/biblioteca/marx_engels_manifesto.pdf>. Acesso em: 10 fev. 2011.

MASSPORT. Port of Boston. About Port of Boston. Disponível em: <http://www.massport.com/port-of-boston/About%20Port%20of%20Boston/AboutPortofBoston.aspx>. Acesso em: 11 fev. 2011.

MATTOS, C. de M. Geopolítica e teoria de fronteiras. Rio de Janeiro: Bibliex, 1990.

MERCOSUL – Mercado Comum do Sul. A Secretaria do Mercosul. Disponível em: <http://www.mercosur.int/t_generic.jsp?contentid=46&site=1&channel=secretaria&seccion=2>. Acesso em: 25 fev. 2011.

MÉXICO. Gobierno Federal. Administración Portuaria Integral de Vera Cruz S.A. e C.V. Disponível em: <http://www.apiver.com>. Acesso em: 14 fev. 2010.

MORUS, T. A utopia. Porto Alegre: L&PM, 1997.

NAFTA – North-American Free Trade Agreement. Nafta Secretariat. Disponível em: <http://nafta-sec-alena.org/en/view.aspx>. Acesso em: 23 dez. 2010.

OSLO HAVN KF. Disponível em: <http://www.oslohavn.no/>. Acesso em: 23 dez. 2010.

OSLO LUFTHAVN. Disponível em: <http://www.osl.no/>. Acesso em: 23 dez. 2010.

PORT DE BARCELONA. Disponível em: <http://www.portdebarcelona.es/wps/portal/web?WCM_GLOBAL_CONTEXT=/wps/wcm/connect/ExtranetCatalaLib/El%20Port%20de%20Barcelona/El%20Port/Portada>. Acesso em: 22 dez. 2010.

PORTO DE ITAQUI. Disponível em: <http://www.antaq.gov.br/Portal/pdf/Portos/>. Acesso em: 1º mar. 2011.

PORTO DE SANTOS. Acesso ao porto. Disponível em: <http://www.portodesantos.com.br/facilidades.php?pagina=01>. Acesso em: 9 nov. 2010.

PORTO DE SINES. Acessibilidades. Disponível em: <http://www.portodesines.pt/pls/portal/go>. Acesso em: 15 out. 2010a.

PORTO DE SINES. Características gerais. Disponível em: <http://www.portodesines.pt/pls/portal/go>. Acesso em: 15 out. 2010b.

_____. Localização e hinterland. Disponível em: <http://www.portodesines.pt/pls/portal/go>. Acesso em: 15 out. 2010c.

PORT OF BRISBANE. Disponível em: <http://www.portbris.com.au>. Acesso em: 16 fev. 2011.

PORT OF MONTREAL. Disponível em: <http://www.port-montreal.com>. Acesso em: 11 fev. 2011a.

_____. Shipping lines. Disponível em: <http://www.port-montreal.com/site/1_0/1_4.jsp?lang=en>. Acesso em: 11 fev. 2011b.

PORT OF ROTTERDAM. Disponível em: <http://www.portofrotterdam.com>. Acesso em: 22 dez. 2010.

PROJETO RENASCE BRASIL. Capitalismo e sistema capitalista. Disponível em: <http://www.renascebrasil.com.br/f_capitalismo2.htm>. Acesso em: 24 set. 2010.

PUERTO DE BUENOS AIRES. Ubicación geográfica. Disponível em: <http://www.puertobuenosaires.gov.ar/moduloGRAL.php?p=infodetalle>. Acesso em: 25 fev. 2011.

RACHED, O.; CORTÊS, A. C. C. Incoterms 2010: principais modificações. 2010. Disponível em: <http://www.feg.unesp.br/~fmarins/log-emp/slides%20&%20outros/material%202010/complementar/Artigo%20INCOTERMS%202011.pdf>. Acesso em: 15 mar. 2011.

RIO DE JANEIRO. Prefeitura Municipal de Itaguaí. O porto: aspectos gerais. Disponível em: <http://www.itaguai.rj.gov.br/por_asp.html>. Acesso em: 1º mar. 2011.

SABSA - Servicios de Aeropuertos Bolivianos S.A. Aeropuerto Internacional El Alto. Disponível em: <http://www.sabsa.aero/aeropuerto-el-alto>. Acesso em: 28 fev. 2011a.

_____. Aeropuerto Internacional Viru Viru. Disponível em: <http://www.sabsa.aero/aeropuerto-viru-viru>. Acesso em: 28 fev. 2011b.

SADC - Southern African Development Community. Disponível em: <http://www.sadc.int/>. Acesso em: 19 fev. 2011.

SAMPAIO, F. G. Só metade das rodovias do Paraná estão em boas condições. BemParaná, Paraná, 29 out. 2009. Disponível em: <http://www.bemparana.com.br/index.php?n=125397&t=so-metade-das-rodovias-do-parana-estao-em-boas-condicoes>. Acesso em: 22 fev. 2011.

SANTOS, M. Por uma geografia nova. São Paulo: Edusp, 2008.

SCHIPOL AMSTERDAM AIRPORT. Disponível em: <http://www.schiphol.nl/>. Acesso em: 23 dez. 2010.

SCL - Aeropuerto de Santiago. Disponível em: <http://www.aeropuertosantiago.cl>. Acesso em: 1º mar. 2011.

SEA SOUTH. Principais portos do mundo. Disponível em: <http://www.seasouth.com/pt/portos>. Acesso em: 11 fev. 2011.

SHANGAI INTERNATIONAL PORT (GROUP) CO., LTD. Disponível em: <http://www.portshanghai.com.cn/en>. Acesso em: 19 fev. 2011.

SICA - Sistema de la Integración Centroamericana. Disponível em: <http://www.sica.int>. Acesso em: 21 fev. 2011.

SOUTHAFRICA.INFO. Caminhos de ferro. 2008. Disponível em: <http://www.southafrica.info/overview/portugues/transportes.htm>. Acesso em: 1º nov. 2010a.

_____. Portos e navegação. 2008. Disponível em: <http://www.southafrica.info/overview/portugues/transportes.htm>. Acesso em: 1º nov. 2010b.

SOUZA, A. S. de. Um retrato das hidrovias brasileiras: hidrovias × competitividade brasileira no comércio mundial de commodities. Disponível em: <http://www.gelog.ufsc.br/joomla/attachments/037_2006-2%20-%20Um%20Retrato%20das%20Hidrovias%20Brasileiras.pdf>. Acesso em: 1º mar. 2011.

SOUZA, M. M. Navegação interior na Europa: a experiência belga. Disponível em: <http://www.antaq.gov.br/Portal/pdf/palestras/PortodeAntuerpiaAPEC.pdf>. Acesso em: 22 dez. 2010.

SUPERTI, E. O positivismo de Augusto Comte e seu projeto político. Disponível em: <http://www.faeso.edu.br/horus/artigos%20anteriores/2003/superti.htm>. Acesso em: 22 dez. 2010.

SYDNEY AIRPORT. Disponível em: <http://www.sydneyairport.com.au>. Acesso em: 18 fev. 2011.

SYDNEY PORTS. Port facilities. Disponível em: <http://www.sydneyports.com.au/corporation/port_facilities>. Acesso em: 16 fev. 2011.

TCA – Terminal de Cargas Argentina. Acerca de TCA: TCA en cifras. Disponível em: <http://www.tca.aero/esp/tca/cifras.asp>. Acesso em: 25 fev. 2011.

TELLA, G. Perspectivas sobre Hong Kong: entre longas tradições e contrastes extremos. Disponível em: < http://www.archdaily.com.br/br/01-110961/perspectivas-sobre-hong-kong-entre-longas-tradicoes-e-contrastes-extremos>. Acesso em: 27 ago. 2013.

THE PORT OF HOUSTON AUTHORITY. Disponível em: <http://www.portofhouston.com>. Acesso em: 11 fev. 2011.

UMA – Arab Maghreb Union. Disponível em: <http://www.maghrebarabe.org/en/>. Acesso em: 19 fev. 2011a.

_____. Objectives and missions. Disponível em: <http://www.maghrebarabe.org/en/>. Acesso em: 19 fev. 2011b.

VENEZUELA. Ministério del Poder Popular de Planificación y Finanzas. Imagem de la República Bolivariana de Venezuela. Disponível em: <http://www.mpd.gob.ve/venezuela-nva/primera-parte.htm>. Acesso em: 4 nov. 2010.

VESENTINI, J. W. Novas geopolíticas: as representações do século XXI. 3. ed. São Paulo: Contexto, 2004.

VILAÇA, R. Transporte para o comércio e a integração regional: setor ferroviário de cargas. In: SEMINÁRIO CNI-BID, 2008, Brasília. Anais... Brasília, 2008. Disponível em: <http://www.cni.org.br/portal/data/files/8A9015D01CBE16EC011CBF0B27057BF3/Semin%C3%A1rio%20CNI%20-%20BID%20-%20Setor%20Ferrovi%C3%A1rio%20de%20Cargas.pdf>. Acesso em: 1º mar. 2011.

WORLD PORT SOURCE. Port of Puerto Cabello. Disponível em: <http://www.worldportsource.com/ports/VEN_Port_of_Puerto_Cabello_116.php>. Acesso em: 28 fev. 2011.

YEUNG, P. Pequim vai nomear próximo governo de Hong Kong. Mundo P, 28 mar. 2013. Disponível em: <http://www.publico.pt/mundo/noticia/governo-de-pequim-vai-nomear-proximo-governo-de-hong-kong-1589425>. Acesso em: 27 ago. 2013.

Apêndices

Classificação de navios

De acordo com a Associação Brasileira de Transporte Internacional (Abreti, 2011), os navios são classificados em:

» Carga geral: Destinado a todos os tipos de carga, principalmente paletizadas, ensacadas, caixas, barris etc., tem aberturas no convés por onde a carga é movimentada por equipamentos, como guindastes do próprio navio ou do porto.
» Gaseiro: Próprio para o transporte de gases, possui tanques arredondados acima do convés.
» Químicos: Semelhante aos navios gaseiros, é, porém, preparado para o transporte de cargas químicas, como ácidos, soda cáustica etc.
» Tanques: Utilizado para o transporte de petróleo e combustíveis, possuem grandes tanques no porão e convés plano.
» Porta-contêiner: Semelhante aos navios de carga geral, possue aberturas no convés, encaixes no porão e convés para encaixe dos contêineres. É carregado com guindastes do porto ou do próprio navio.
» Ro-Ro: Abreviatura para *Roll on – Roll off*. É o navio para o transporte de veículos, que entram e saem rodando com seus próprio motores. Muitos carregam contêineres no convés.
» *Ore-oil*: Combina e transporta minérios e petróleo.
» Graneleiro: É utilizado para o transporte de produtos a granel, como grãos, açúcar, minério de ferro etc. Existem diferentes tipos: OBO (*ore-bulk-oil*), que transporta carga seca, líquidos e cargas a granel; *ore bulk*, para minérios pesados; *dry bulk*, para mercadorias secas a granel.

Os navios graneleiros são classificados, sengundo Hinkelman (2005), de acordo com seus volume de carga.

A capacidade de um navio é medida em DWT – *Dead Weight Tonnage* (tonelagem de peso morto), que é o peso total que pode ser transportado no navio.

Os navios são conhecidos como:

> *Handysize*: de 20.000 DWT a 34.999 DWT;
> *Handymax*: de 35.000 DWT a 49.999 DWT;
> *Panamax*: de 50.000 DWT a 79.999 DWT;
> *Capesize*: maior que 80.000 DWT.

O termo *Panamax* refere-se aos navios com tamanho apto a passar pelo Canal do Panamá, devendo possuir no máximo 275 m de comprimento, 32,3 m de largura e calado (profundidade) de 12 m. Já o termo *Capesize* refere-se aos maiores navios graneleiros do mundo, com dimensões que ultrapassam as eclusas do Canal do Panamá e do Canal de Suez.

Referências

ABRETI – Associação Brasileira das Empresas de Transporte Internacional. Marítimo: tipos de navios. Disponível em: <http://www.abreti.org.br/beta/tipos_navios.php>. Acesso em: 15 mar. 2011.

HINKELMAN, E. G. Dictionary of international trade: handbook of the global trade community. 6th ed. Novato: World Trade Press, 2005. p. 375.

Incoterms

International Commercial Terms - Inconterms (Termos Internacionais de Comércio), são utilizados para definir direitos e obrigações de exportadores e importadores, estabelecendo um padrão de definições como local onde a mercadoria será entregue, quem pagará o frete e o seguro.

A Câmara de Comércio Internacional (CCI), com sede em Paris, é responsável pela atualização dos *Incoterms* e decidiu que seriam feitas revisões a cada 10 anos. A última alteração ocorreu em 2010; portanto, a versão é chamada de *Incoterms 2010,* tendo entrado em vigor no dia 01/01/2011.

A Revisão 2010 introduziu as seguintes modificações:

O número de Incoterms foi reduzido de 13 para 11 termos;

Os termos DAF (Delivered At Frontier), DES (Delivered Ex-Ship), DEQ (Delivered Ex-Quay) e DDU (Delivered Duty Unpaid) foram eliminados;

Os termos DAT (Delivered at Terminal) e DAP (Delivered at Place) foram introduzidos;

Os Incoterms 2010 podem ser utilizados também para as transações domésticas ou "intra" blocos regionais de comércio;

Determinação da responsabilidade sobre custos incidentes sobre a cadeia de custódia e segurança da carga;

Ampliação dos preâmbulos de cada termo, com notas explicativas (Guidance Notes), de modo a informar os usuários de maneira mais completa sobre o termo pretendido.

Na versão 2010, os termos estão reunidos em dois grupos, um para os termos utilizados em qualquer modal de transporte e outro para os termos utilizados no modal aquaviário.

Grupo 1: Para qualquer modal de transporte

- EXW – *Ex Works* (Na origem, local de entrega designado)
Os produtos são entregues no domicílio do vendedor, sem desembaraço e frete. Todo o transporte e a documentação fica sob a responsabilidade do comprador.
- FCA – *Free Carrier* (Livre no transportador, local de entrega designado)
O vendedor entrega as mercadorias para o transportador, contratado pelo comprador, no local acordado e desembaraçadas. Se a mercadoria for retirada no domicílio do vendedor, este será responsável pelo descarregamento. Em outro local, o vendedor não é responsável pelo descarregamento.
- CPT – *Carrier Paid To* (Transporte pago até o local de destino designado)
A entrega é feita em um local acertado, já desembaraçada e com o transporte pago pelo vendedor até esse local.
- CIP – *Carriage and Insurance Paid* (Transporte e seguro pago até o local de destino designado)
A entrega é feita em um local acertado, já desembaraçada e com o transporte e o seguro pagos pelo vendedor até esse local.
- DAT – *Delivered At Terminal* (Entrega no terminal do porto ou no local designado)
Os produtos são entregues e descarregados no terminal ou local acordado, sem o desembaraço, por conta do vendedor. A responsabilidade do vendedor vai até o descarregamento. Considera-se terminal qualquer local de descarga, como cais do porto, armazéns, terminais aéreos ou rodoviários ou terminal de contêineres.
- DAP – *Delivered At Place* (Entregue no local de destino designado)
Os produtos são entregues no destino acordado e prontos para o descarregamento. O vendedor é responsável pelos riscos e custos do transporte, mas não pelo desembaraço.
- DDP – *Delivered Duty Paid* (Entregue no destino designado, com direitos pagos)
Os produtos são entregues no destino acordado e prontos para o descarregamento. O vendedor é responsável pelos riscos e custos do transporte, pelo desembaraço e pelo pagamento das tarifas aduaneiras.

Grupo 2: Para o modal aquaviário
- » FAS – *Free Alongside Ship* (Livre no costado do navio)
  Os produtos são entregues ao lado da embarcação, momento em que as responsabilidades passam do vendedor para o comprador.
- » FOB – *Free on board* (Livre a bordo)
  As mercadorias são entregues, já desembaraçadas, efetivamente dentro do navio. A responsabilidade do vendedor vai até o carregamento e não até a murada do navio, como previa a versão dos *Incoterms* 2000.
- » CFR – *Cost And Freight* (Custo e frete até o destino)
  Os bens são entregues, já desembaraçados, ao comprador em um porto acordado. O vendedor fica responsável pelo frete e pelos demais custos até esse porto. O seguro não é responsabilidade do vendedor.
- » CIF – *Cost, Insurance and Freight* (Custo, seguro e frete até o destino)
  Os bens são entregues, já desembaraçados, ao comprador em um porto acordado. O vendedor fica responsável pelo frete, pelo seguro e pelos demais custos até esse porto.

Os *Incoterms* estabelecem um acordo entre comprador e vendedor quanto ao comércio internacional. É importante que seja feito um contrato de compra e venda bem elaborado e que os *Incoterms* sirvam de apoio. A versão 2010 admite que a legislação local sobreponha os *Incoterms*, que não são leis, e sim acordos para facilitar o comércio.

> Um bom domínio dos Incoterms é indispensável para que o negociador possa incluir todos os seus gastos nas transações em Comércio Exterior. Vale ressaltar que as regras definidas pelos Incoterms valem apenas entre os exportadores e importadores, não produzindo efeitos em relação às demais partes envolvidas, tais como: despachantes, seguradoras e transportadores.

Referências

APRENDENDO A EXPORTAR. Incoterms. Disponível em: <http://www.aprendendoaexportar.gov.br/informacoes/INCOTERMS.htm>. Acesso em: 15 mar. 2011.

RACHED, O.; CORTÊS, A. C. C. Incoterms 2010: principais modificações. 2010. Disponível em: <http://www.feg.unesp.br/~fmarins/log-emp/slides%20&%20outros/material%202010/complementar/Artigo%20INCOTERMS%202011.pdf>. Acesso em: 15 mar. 2011.

Modelo de porto

01 Cais: É o pátio mais próximo da água, onde são movimentadas as cargas para embarque e desembarque.

02 Armazém de granéis sólidos: É onde são armazenados os produtos a granel, como grãos, açúcar e fertilizantes.

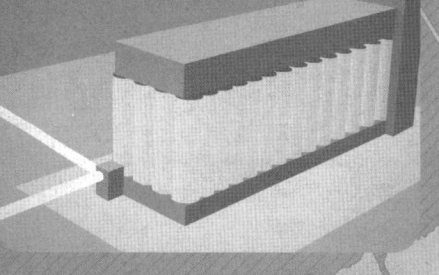

03 Guindastes: São utilizados para embarque e desembarque de produtos.

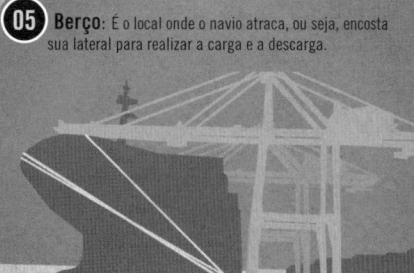

04 Terminal de veículos: É o local onde são armazenados os veículos para embarque e desembarque.

05 Berço: É o local onde o navio atraca, ou seja, encosta sua lateral para realizar a carga e a descarga.

11) Terminal de contêineres: É o local onde são armazenados os contêineres para embarque e desembarque. Normalmente, a carga e a descarga de navios são feitas em um ponto mais distante, por medida de segurança.

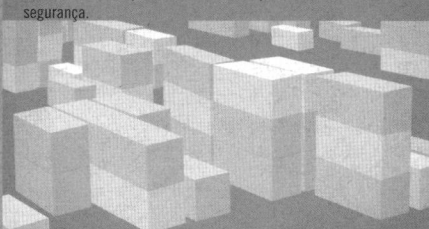

10) Transbordo: É o local onde as mercadorias são transferidas de caminhões e trens para navios e vice-versa. O processo ocorre em várias partes do porto.

09) Armazém de granéis líquidos: É onde são armazenados produtos, como combustíveis.

08) Calado: É a profundidade da água no local onde o navio atraca.

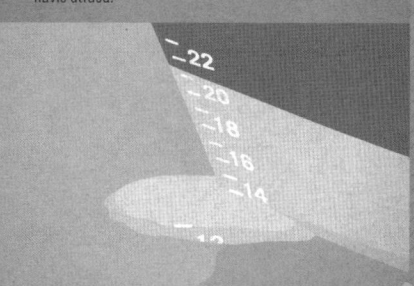

06) Fairway: É o canal de acesso ao porto. Por exemplo: o Porto de Paranaguá é acessado pelo canal da Galheta; o Porto de Santos, pelo Canal do Estuário.

07) Cabotagem: É o transporte realizado entre os portos de um mesmo país, tanto pelos portos marítimos quanto pelos portos fluviais. As mercadorias chegam em um navio maior e são transferidas para uma embarcação de menor porte.

Respostas

Capítulo 1 – Questões para revisão

1. c

2. b

3. a

4. a

5. O capitalismo é o sistema econômico cuja característica é a propriedade privada e a liberdade de contrato e competição. O governo interfere em assuntos essencialmente ligados à proteção da propriedade, à execução dos contratos e à prevenção de fraudes. O socialismo clássico, por sua vez, é o sistema econômico cuja característica é a coletivização dos instrumentos de produção, sem lucros particulares, podendo a renda variar de acordo com as habilidades e o volume de trabalho, mas com o controle do governo sobre os recursos naturais e econômicos, a limitação da propriedade privada e a inexistência da liberdade de mercado.

Capítulo 2 – Questões para revisão

1. b

2. d

3. a

4. O porto tem ótimas ligações com os demais países, contando com vários modais de transportes – fluvial, ferroviário e gasodutos. Existe uma nova linha ferroviária, chamada de *Betuwe*, que liga Roterdã à Alemanha e que agiliza as entregas de mercadorias, minimizando os custos de transporte. Outras pequenas embarcações ligam o porto a mais de 200 portos da Europa. Roterdã

atende a uma área de mais de 150 milhões de consumidores, que estão localizados em um raio de até 150 km e mais de 500 milhões de pessoas em toda a Europa. De acordo com a administração do Porto de Roterdã, as mercadorias que chegam em uma manhã podem ser entregues na tarde do mesmo dia na Alemanha, na Bélgica, na França e na Grã-Bretanha. Os principais centros industriais e comerciais da Europa Ocidental podem ser alcançados em menos de 24 horas.

5. A European Free Trade Association – Efta (Associação Europeia de Livre Comércio) foi criada em 1960 pela Convenção de Estocolmo, sendo atualmente composta por quatro países-membros: Islândia, Liechtenstein, Noruega e Suíça. A Efta é uma organização intergovernamental que tem como finalidade promover a integração econômica e o livre comércio para beneficiar seus países-membros.

Capítulo 3 – Questões para revisão

1. d

2. d

3. O comércio é intenso. As exportações chegam perto dos US$ 33,8 bilhões (FOB) e as importações ficam em torno dos US$ 32,1 bilhões (FOB). Os produtos mais vendidos aos países-membros do Nafta pelo Brasil são petróleo e derivados, aviões, aço, alimentos etc. Os principais produtos adquiridos do Nafta pelo Brasil são máquinas, peças para aviões, aviões etc.

4. Está localizado na capital da Argélia, Argel, no norte do país, com acesso direto ao sul da Europa pelo Mar Mediterrâneo e com facilidades para acessar as demais regiões europeias e as Américas, pois está próximo do Estreito de Gibraltar, que dá acesso ao Oceano Atlântico. A leste, tem-se acesso ao Canal de Suez, que faz a ligação com o Oceano Índico, alcançando o Sudeste Asiático, a Oceania e a Costa Oeste das Américas. O porto tem capacidade para movimentar mais de 15 milhões de toneladas de mercadorias anualmente, incluindo 7 milhões de toneladas de cargas conteinerizadas, o que representa 750 mil TEUs.

5. É o porto com maior tráfego da África e com capacidade para receber contentores na África austral, ao passo que Richard's Bay é o maior terminal de carvão a granel do mundo. Juntos, os portos da África do Sul representam um movimento de 183 milhões de toneladas de carga, índice de 2007, e estão sendo feitas melhorias para aumentar sua capacidade de movimentação.

Capítulo 4 – Questões para revisão

1. b.

2. b.

3. d.

4. As exportações somam US$ 5,5 milhões (FOB), sendo a Bolívia o maior exportador e o gás natural o seu produto mais comercializado. As importações oriundas do Mercosul realizadas pela CAN ultrapassaram os US$ 10,8 milhões (FOB). O maior importador é o Peru, que adquire principalmente petróleo e derivados.

5. Localizados no litoral leste da Costa Rica, os dois portos são próximos um do outro, praticamente germinados. O Porto de Limón é especializado em operações com contêineres e o Porto de Moín recebe, além de contêineres e carga geral, petróleo bruto e derivados. Juntos, os portos movimentam cerca 80% do comércio internacional da Costa Rica.

Capítulo 5 – Questões para revisão

1. d

2. b

3. b

4. d

5. Partindo-se de Curitiba pela BR 116, sentido Sul, até a cidade de Jaguarão, no Rio Grande do Sul, e depois de entrar no Uruguai e passar por La Chuchilla, segue-se pela Rodovia 26 até a cidade de Melo, que está a 390 km a noroeste de Montevidéu, com acesso pela *Ruta* 8.

Sobre o autor

José Luiz Machado é formado em Administração (2004), com habilitação em Comércio Exterior, pela Faculdade de Administração, Ciências e Letras – Facel, pós-graduado em Administração Estratégica e Gestão da Qualidade pelo Instituto Brasileiro de Pós-Graduação e Extensão – Ibpex, com curso de extensão em Prática Docente: Trabalho e Cidadania pela Universidades do Sul de Santa Catarina – Unisul.

Atualmente coordena o Setor de Arrecadação do Serviço Nacional de Aprendizagem Rural, Administração Regional do Estado do Paraná – Senar-PR, além de ser auditor interno da qualidade – ISO 9001:2008.

Ministrou mais de 50 palestras sobre tributação previdenciária no ano de 2010, sendo coordenador de cursos e seminários sobre nessa área realizados em parceria com a Receita Federal do Brasil, Projeto Cidadania Rural. Também participa de ações e treinamentos referentes aos programas Empreendedor Individual, Sistema Público de Escrituração Digital – Sped, Guia de Recolhimento do FGTS e Informações à Previdência Social – Gfip/Sefip e Educação Fiscal.

Conta com várias matérias publicadas no Boletim Informativo do Sistema Faep/Senar-PR (Federação da Agricultura do Estado do Paraná/Serviço Nacional de Aprendizagem Rural).

Impressão: Reproset
Maio/2015